Das Geldsystem

des

Großherzogtums Luxemburg.

Von

Dr. Albert Calmes,
Dozent an der Handelshochschule in Berlin,
Assistent des handelswissenschaftlichen Seminars.

Leipzig,
Verlag von Duncker & Humblot.
1907.

Alle Rechte vorbehalten.

Inhaltsverzeichnis.

		Seite
I.	Einleitung	5—10
	1. Luxemburg, ein Mitglied des Deutschen Zollvereins	5
	2. Kleinstaatliche Münzpolitik. Direkter und indirekter Anschluß an fremde Währungen; Tarifierung fremder Münzsorten	7
	3. Die luxemburger Währung, eine Rechnungswährung	9
II.	Die geschichtliche Entwicklung des luxemburger Geldsystems von 1789 bis zur Gegenwart	10—55
	1. Die Periode von 1795—1814. Einführung der Frankenwährung	10
	2. Luxemburg im Königreich der Niederlande (1815—1830). Das niederländische Münzgesetz von 1816 und die Einführung der Guldenwährung	13
	3. Die Periode von 1816—1830. Die Verdrängung der Franken- durch die Guldenwährung. Die Währungspolitik Hollands seit 1830	17
	4. Die Periode von 1830—1839. Das belgische Münzgesetz von 1832	22
	5. Die Übergangsperiode von 1839—1842	26
	6. Der Beitritt Luxemburgs zum Deutschen Zollverein und zur Dresdner Münzkonvention von 1838 im Jahre 1842	30
	7. Die Talerwährung in Luxemburg von 1842—1847	33
	8. Der Austritt Luxemburgs aus der Dresdner Münzkonvention (1847)	36
	9. Das Münzgesetz von 1848 und die Entstehung des „luxemburger Franken" als Rechnungsgeld	38
	10. Die Periode von 1848—1871. Vorherrschaft des Talers. Bestrebungen zum Anschluß Luxemburgs an die lateinische Münzunion. Das Vordringen des französischen Goldes	42
	11. Der Übergang von der Taler- zur Markwährung in Luxemburg (1876)	47
	12. Die luxemburger Scheidemünzen	51
III.	Das Geldsystem Luxemburgs in der Gegenwart	55—67
	1. Das Rechnungsgeld: der luxemburger Franken	55
	2. Das Verkehrsgeld: Kurant-, Scheidemünzen und Noten	58
	3. Die Abwicklung des Zahlungsverkehrs im Inland	62
	4. Die Abwicklung des Zahlungsverkehrs zwischen Luxemburg und dem Auslande: Deutschland und den Staaten der lateinischen Münzunion	65
	Quellen und Literatur	68

I. Einleitung.

1. Luxemburg, ein Mitglied des Deutschen Zollvereins.

Das Großherzogtum Luxemburg, ein völkerrechtlich autonomer Kleinstaat an der deutsch-französisch-belgischen Grenze, gehört dem Deutschen Zollverein resp. dem Zollgebiet des Deutschen Reiches seit dem Jahre 1842 bis zur Gegenwart ununterbrochen an. Als Mitglied des Zollvereins bedeutet das wirtschaftlich hochentwickelte Großherzogtum eine nicht unbedeutende Erweiterung des deutschen Wirtschaftsgebietes über die Reichsgrenzen hinaus.

Es lag in der Natur der Dinge, daß in demselben Maße, wie der Deutsche Zollverein den Kreis seiner Kompetenzen allmählich weiter zog und sich nach und nach zu einem Wirtschaftsverein und schließlich zu einem Staatengebilde entwickelte, auch die wirtschaftlichen Beziehungen zwischen Deutschland und Luxemburg enger — **aus der bloßen Zollunion eine Wirtschaftsunion werden mußte.**

Die wichtigsten Etappen in dieser unvermeidlichen, zur Zeit noch keineswegs abgeschlossnen Entwicklung waren, außer dem bereits erwähnten ersten deutsch-luxemburgischen **Zollvereinsvertrag von 1842**, die **Erneuerungsverträge von 1847, 1853 und 1865**. Dann der 1871 zwischen dem Deutschen Reich und Luxemburg abgeschlossne und im Jahre 1902 erneuerte **Eisenbahnvertrag**, welcher die pachtweise Übernahme des Betriebs des größten und wichtigsten Teils des luxemburgischen Eisenbahnnetzes durch die Reichseisenbahnen in Elsaß-Lothringen bestimmte. Ferner die allmähliche, durch die Zollgemeinschaft geforderte Anpassung der wirtschaftlichen Gesetzgebung Luxemburgs an diejenige Deutschlands; insbesondre wurde es nötig, die **luxemburgische Gesetzgebung über die Fabrikation und den Handel mit Produkten, welche inländischen Verbrauchsabgaben (Akzisen) unterworfen sind,** mit den bezüglichen Steuergesetzen Deutschlands in Übereinstimmung zu bringen, um die zwischen beiden Ländern grundsätzlich beseitigten Zollschranken für einzelne Waren wie Bier[1],

---

[1] Dies erfolgte durch ein luxemburgisches Gesetz von 1854, welches die Übereinstimmung der Braustenergesetzgebung Luxemburgs mit derjenigen der norddeutschen Zollvereinsstaaten grundsätzlich proklamierte, sowie durch mehrere großherzogliche Regierungsbeschlüsse von 1854, 1871, 1873, welche den jeweilig in Norddeutschland geltenden Braustenergesetzen Geltung für das Großherzogtum verliehen. Luxemburg gehört jetzt der norddeutschen Braustenergemeinschaft an.

Branntwein[1], Schaumwein usw. nicht wieder aufrichten zu müssen. So hatten beispielsweise die 1906 in Deutschland erlassenen Reichsgesetze über die Besteuerung des Biers und der Zigaretten zur Folge, daß Luxemburg genötigt war, dieselben Steuergesetze einzuführen, und zwar in der Weise, daß die neuen Steuern zu gleicher Zeit, d. h. am 1. Juli, in Deutschland und in Luxemburg in Kraft traten; sonst hätte im Zollvereinsinland, an der deutsch-luxemburgischen Grenze eine Grenzsperre für diese Waren errichtet werden müssen, wie eine solche vor Jahren bestand, als sich Luxemburg längere Zeit weigerte, die deutsche Branntweinbesteuerung einzuführen. Endlich sei noch das Luxemburger Patentgesetz vom 30. Juni 1880 erwähnt, welches die Erteilung des luxemburgischen Patents an Erfinder von dem vorherigen Erwerb des deutschen Patents beim Reichspatentamt abhängig macht, sowie der Postvertrag, betreffend die Portoherabsetzung im Verkehr des Deutschen Reiches mit dem Großherzogtum Luxemburg, der am 1. Oktober 1902 in Kraft trat und die bisherigen Weltportosätze durch die internen deutschen Posttaxen ersetzte.

Nur ein für die wirtschaftlichen Beziehungen zwischen Luxemburg und Deutschland äußerst bedeutsames Verkehrshindernis, — die Verschiedenheit der Münzverfassungen, konnte bis zum heutigen Tage nicht beseitigt werden, obgleich schon im ersten Zollvereinsvertrag von 1842 der Anschluß Luxemburgs an das deutsche Münz-, Maß- und Gewichtssystem vereinbart war.

Das Geldsystem Luxemburgs ist nicht, wie allenthalben irrtümlich behauptet wird, mit der Währung eines der Nachbarstaaten — Frankreichs, Belgiens, Deutschlands oder gar Hollands — identisch resp. einer dieser Währungen nachgebildet, vielmehr besitzt Luxemburg, obgleich es weder eigne noch fremde Kurantmünzen, sondern nur eigne Scheidemünzen prägt, und infolgedessen fremde Zahlungsmittel benutzt, eine besondre Währung, deren Eigenart nicht nur für den Theoretiker, den Nationalökonomen und Währungspolitiker, sondern vielleicht noch mehr, mit Rücksicht auf den internationalen Zahlungsverkehr, für den Kaufmann von Interesse und von Bedeutung

---

[1] Deutsch-luxemburgischer Vertrag vom 22. Mai 1896, betreffend die Erhebung der Übergangsabgaben auf Branntwein.

ist. Dies um so mehr, als die gegenwärtige Münzverfassung Luxemburgs in der einschlägigen nationalökonomischen und handelswissenschaftlichen Literatur entweder mit Stillschweigen übergangen oder in einem falschen Lichte dargestellt wird. In der Regel wird Luxemburg nämlich zu denjenigen Staaten gezählt, die, ohne der lateinischen Münzunion beigetreten zu sein, die Frankenwährung besitzen; früher begegnete man auch häufig der Behauptung, Luxemburg gehöre dem Gebiete der holländischen Guldenwährung an; aber auch die Ansicht, Luxemburg habe sich der deutschen Taler- oder Markwährung angeschlossen, ist nicht zutreffend.

Es wird der Zweck dieser Arbeit sein, das eigentümliche Geldsystem Luxemburgs in seiner heutigen Gestalt darzustellen, sowie die allmähliche Entwicklung dieser luxemburgischen Währung, welche den wirtschaftlichen Umwälzungen und den wechselvollen politischen Geschicken dieses Landes im 19. Jahrhundert ihre Eigenart verdankt, zu verfolgen. Vorerst seien aber einige allgemeine Gesichtspunkte, welche für die Münzpolitik der Kleinstaaten von Bedeutung sind, erwähnt.

2. **Kleinstaatliche Münzpolitik. Direkter und indirekter Anschluß an fremde Währungen. Tarifierung fremder Münzsorten.**

Kleinstaaterei in der Münzpolitik ist heute ein Unding. Diese Wahrheit wurde in Luxemburg längst erkannt, und wie oft auch der Gedanke, eigne Währungsmünzen zu prägen, auftauchte, und wie gern auch Luxemburg das Münzregal als Attribut der Souveränität ausgeübt hätte, die Erfüllung dieses Wunsches erwies sich stets als ein gefährliches Abenteuer, das dem Lande mehr Schaden als Nutzen bringen könnte. Für Kleinstaaten, deren Außenhandel mindestens ebenso wichtig ist wie der Binnenhandel, gilt es nicht nur Münzen zu prägen, sondern sie so zu prägen, daß sie auch für Zahlungen an das Ausland verwendet werden können. Wollte Luxemburg nationale Kurantmünzen prägen, so war dies nur unter der Voraussetzung des Anschlusses an das Münzsystem eines Großstaates möglich, und tatsächlich wurden bezügliche Vorschläge, insbesondre über den Beitritt Luxemburgs zur lateinischen Münzunion öfters gemacht, die aber keinen Erfolg hatten.

Die heutigen staatsrechtlichen Theorien stehn nicht mehr auf dem Standpunkte, die Ausübung des Münzregals sei ein wesentliches Attribut der Staatssouveränität. Übrigens sollte die ängstliche Wahrung solcher Souveränitätsrechte für die Wirtschaftspolitik nicht mehr maßgebend sein, ganz besonders aber nicht für die Münz= politik, denn es gibt kaum eine staatliche Institution, welche die materiellen Interessen eines Landes und seiner Bewohner intensiver berührt als das Geldsystem.

Da Luxemburg sowohl auf die Schaffung einer eignen Landes= währung als auch auf den Anschluß an eine fremde Währung ver= zichtete, brachte es seine geographische Lage an einem Punkte, wo sich mehrere große nationale Wirtschaftsgebiete berühren, mit sich, daß, je nach der Gestaltung der politischen und wirtschaftlichen Beziehungen Luxemburgs zu den Nachbarstaaten, bald die eine bald die andre fremde Geldart das Übergewicht im Geldumlauf Luxemburgs er= langte. Ganz besonders aber war es das wechselvolle politische Schicksal Luxemburgs im 19. Jahrhundert, nämlich seine Zugehörig= keit zu Frankreich von 1795—1814, zu Holland von 1814—1830, zu Belgien von 1830—1839, seine Stellung als deutscher Bundes= staat 1815—1867 und schließlich die Erlangung der vollständigen politischen Autonomie seit 1867, welches die Entwicklung des luxem= burgischen Geldwesens beeinflußte.

Es ist ein eigentümlicher Zug in der Münzpolitik Luxemburgs im 19. Jahrhundert, daß es sich nie — und in den Zeiten, wo es einem fremden Staate einverleibt war, nur mit Widerstand — dazu verstanden hat, eine fremde Währung voll und ganz als Landeswährung anzu= nehmen, d. h. die Münzen eines bestimmten Staates zum ausschließlichen gesetzlichen Zahlungsmittel zu erheben; vielmehr war Luxemburg stets darauf be= dacht, sich einen seinen Bedürfnissen angepaßten Geldumlauf zu sichern, indem es die Münzen mehrerer fremden Währungen nebeneinander im Geldumlauf zu erhalten strebte, was den Zahlungsverkehr mit dem Ausland begreiflicherweise erleichterte. Das Mittel hierzu war die Tarifierung der fremden Münzsorten in der jeweiligen Landesrechnungswährung. Diese eigentümliche Währungs= politik, die zwar keine klaren und durchsichtigen Münzzustände schuf, war für Luxemburg geboten und hat denn auch segensreich gewirkt, zunächst durch die Erleichtrung des Zahlungsverkehrs mit denjenigen Staaten, deren Münzen im inländischen Geldumlauf tarifiert wurden, dann aber auch, weil diese Münzpolitik den Übergang Luxemburgs von einem Geldsystem zum andern ganz bedeutend erleichterte, sobald eine solche Ändrung wünschenswert erschien, etwa wegen neuer politischer und wirtschaftlicher Konstellationen oder wegen der gefährlichen Münzpolitik eines Staates, dessen Münzen in Luxemburg bis dahin umliefen. Die Geschichte der Währungspolitik Luxemburgs im letzten Jahrhundert besteht eigentlich nur aus solchen Übergängen, so von der Franken- zur holländischen Guldenwährung, dann wieder zur Frankenwährung, darauf zur Taler- und endlich zur Markwährung verbunden mit der Frankenwährung; alles durchgreifende Reformen, die sich aber leicht und ohne Reibungen vollzogen.

3. Die luxemburger Währung, eine Rechnungswährung.

Der im Laufe der Zeit häufige Wechsel und die Verschiedenartigkeit der zu gleicher Zeit als Zahlungsmittel benutzten Münzarten legten der Gesetzgebung Luxemburgs die Pflicht auf, einen festen Maßstab zu bestimmen, nach welchem die zu Zahlungszwecken jeweils benutzten Münzen zu bewerten waren, **mit andern Worten eine Rechnungswährung zu schaffen, nach welcher das jeweilige Verkehrsgeld tarifiert wurde.** Es lag nahe, die Rechnungseinheit eines Nachbarstaates auch als luxemburger Rechnungseinheit gelten zu lassen, und tatsächlich diente denn auch der **Franken** als Rechnungseinheit in Luxemburg seit der französischen Revolution bis zur Gegenwart, mit Ausnahme nur einer sehr kurzen Zeit — von 1825—1830 —, in welcher er in dieser Eigenschaft durch den holländischen Gulden verdrängt worden war.

Dieser Franken, den Luxemburg gesetzlich als Rechnungseinheit anerkannte, war ursprünglich mit dem französischen, dem belgischen und dem nachmaligen Franken der lateinischen Münzunion[1] identisch. Nach dem Anschlusse Luxemburgs an den Zollverein bewirkte aber das Eindringen des preußischen Talers in den luxemburgischen Geldumlauf eine eigentümliche Ändrung des Franken als Rechnungseinheit, nämlich eine Wertverminderung desselben, infolge zu hoher Tarifierung des Talers und später der Reichsmark in Franken durch die luxemburgische Gesetzgebung. (Gesetzliche Wertrelation 1 Taler

---

[1] Der Kürze halber werden wir diesen Franken in der Folge als den „französischen Franken" bezeichnen.

= 3,75 Fr. und 1 M. = 1,25 Fr.; dagegen Münzparität 1 Taler = 3,70 Fr. und 1 M. = 1,23 Fr.) Die Folgen hiervon waren:

1. Die luxemburgische Rechnungseinheit, Franken genannt, deckte sich im Werte nicht mehr mit dem französischen Franken; sie war ein besondrer Franken, ein „luxemburger Franken" geworden.

2. Da es keine Kurantmünze gab, welche den luxemburger Franken darstellte, war die luxemburger Frankenwährung zudem eine reine Rechnungswährung[1] geworden.

3. Diese Rechnungswährung fand ihren konkreten Ausdruck in den Münzen der Taler-, resp. seit der deutschen Geldreform, der Markwährung, d. h. die kraft Gesetzes in Franken stipulierten Zahlungen waren in Talern resp. in Mark zu leisten.

Das ist in wenigen Worten der gegenwärtige Zustand des luxemburgischen Geldwesens, das dem Uneingeweihten so rätselhaft erscheint. Das volle Verständnis des Wesens und des gegenwärtigen Zustands dieser Währung wird durch die Einsicht in seine historische Entwicklung, der wir uns nunmehr zuwenden, erreicht werden. Den Hintergrund für diese entwicklungsgeschichtliche Darstellung wird außer der politischen und wirtschaftlichen Geschichte Luxemburgs im 19. Jahrhundert auch die Geschichte der französischen, niederländischen, belgischen und deutschen Münzsysteme abgeben.

II. Die geschichtliche Entwicklung des luxemburger Geldwesens von 1789 bis zur Gegenwart.

1. Die Periode von 1795—1814. Einführung der Frankenwährung.

Das Herzogtum Luxemburg[2] umfaßte am Ende des 18. Jahrhunderts außer dem heutigen Großherzogtum die zweimal größre,

---

[1] Eine Rechnungswährung war die 1872 abgeschaffte Hamburger Mark Banko und ist noch heute der luxemburger Franken und der chinesische Tael.

[2] Geschichtlicher Rückblick:

963—1443. Die Graffschaft Luxemburg gehört dem Deutschen Reiche an. Vier Grafen aus dem Hause Luxemburg (Heinrich VII., Karl IV., der die Graffschaft Luxemburg zum Herzogtum erhebt, Wenzel II. und Sigismund) besteigen den deutschen Kaiserthron.

1443—1506. Burgundische Herrschaft.

1506—1714. Spanische Herrschaft. Karl V. vereinigt Spanien mit Burgund, den Niederlanden und Luxemburg.

1839 an Belgien abgetretne Provinz Belgisch-Luxemburg, sowie einzelne Gebietsteile westlich der Mosel und der Our, welche 1815 Preußen zugeteilt wurden. Das Territorium des Herzogtums enthielt am Vorabend der französischen Revolution an Umfang das Vierfache des Gebiets des heutigen Großherzogtums.

1792 brach der Krieg zwischen Frankreich, Preußen und Österreich aus. Nach der Schlacht bei Fleurus (1794) bemächtigten sich die Franzosen der österreichischen Niederlande; damit war die Herrschaft Österreichs in diesen Gebieten für immer beseitigt. Durch Dekret des Konvents vom 1. Oktober 1795 (9. vendémiaire an IV) wurde Luxemburg der französischen Republik als „Wälder-Departement" (département des Forêts) einverleibt.

Das Münzwesen der österreichischen Niederlande ließ damals ebensoviel zu wünschen übrig, wie das der andern westeuropäischen Staaten. Das größte Übel war die Münzverschiedenheit. „Mit der Einführung neuer Prägsysteme sehr verschwenderisch, waren die deutschen Staaten stets sehr sparsam mit der Beseitigung alter Münzstücke . . . . Die Folge war, daß nicht nur viele gänzlich abgenutzte und unkenntliche Stücke sich im Umlauf befanden, sondern daß die Zirkulation ein verwirrendes Chaos der verschiedenartigsten Münzsorten darstellte[1].

Eine Beschreibung der Münzarten, die um jene Zeit in den Niederlanden umliefen, ist hier überflüssig; denn all diese Münzen des ancien régime verschwanden in den folgenden Jahrzehnten — die letzten Überbleibsel zu Anfang der vierziger Jahre des 19. Jahrhunderts —, ohne die geringste Spur in der spätern Entwicklung des Geldwesens hinterlassen zu haben. Es sei daher nur erwähnt, daß der Geldumlauf der österreichischen Niederlande sowohl aus

---

Im pyrenäischen Frieden (1659) erfolgt die erste Teilung des Herzogtums Luxemburg, indem der südwestliche Teil (Diedenhofen, Montmédy) an Frankreich abgetreten wird.

Ludwig XIV. erobert Luxemburg 1684, muß es aber 1697 im Frieden von Ryswick an Spanien zurückgeben.

Spanien verzichtet im Frieden von Utrecht (1713) auf die Niederlande und Luxemburg, die der Frieden von Rastatt (1714) Kaiser Karl VI. zuerkennt.

1714—1795. Österreichische Herrschaft. Das Herzogtum Luxemburg und die Grafschaft Chiny bilden eine der 10 Provinzen der österreichischen Niederlande.

[1] Karl Helfferich, Geschichte der deutschen Geldreform. Leipzig 1898, S. 33.

Landesmünzen, nämlich aus brabantischen Talern, lütticher und mastrichter Münzen, als auch aus tarifierten fremden Münzsorten und zwar hauptsächlich aus den Münzen des französischen Königtums, d. h. den Louis d'or und Couronne d'Argent, dann aus preußischen, holländischen, sächsischen und Reichsmünzen bestand.

Wichtiger als der Status des Münzwesens um das Jahr 1795 wurde für die spätre Entwicklung das reformatorische Vorgehen Frankreichs in dem Münzgesetz vom 28. März 1803 (7. germinal an XI), welches sich auf den Boden des reinen Bimetallismus stellte. Die Einheit war der Franken, eine Silbermünze im Gewicht von 5 g und mit einem Feingehalt von $^{900}/_{1000}$; das Wertverhältnis zwischen Gold und Silber betrug 1 : 15,5; es bestand freie Prägung und unbeschränkte gesetzliche Zahlungskraft beider Edelmetalle.

Dieses Münzrecht galt selbstverständlich auch im Wälderdepartement, und der dadurch geschaffne münzpolitische Zustand blieb solange unverändert, als Luxemburg das politische Schicksal Frankreichs teilte, d. h. bis zu den ersten Tagen des Jahres 1814. Es braucht kaum erwähnt zu werden, daß sich diese bequeme, einfache, nach dem Dezimalsystem eingerichtete Frankenwährung auch über die Grenzen Frankreichs hinaus leicht Eingang verschaffte.

Mit der Einführung der neuen Frankenwährung mußten die bis dahin in Luxemburg kursierenden Münzen nach der neuen Geldeinheit tarifiert werden; dies geschah in den französischen Münztarifen vom 18. August 1810 und 30. November 1811, welche den Kurs festsetzten, zu welchem die sonstigen umlaufenden Münzsorten von den Staatskassen angenommen und ausgegeben werden durften.

In den ersten Tagen des Jahres 1814 besetzen die Verbündeten das Wälder-Departement. Luxemburg wird, wie die übrigen eroberten Territorien, von den Alliierten bis zum Ausgang der Friedensverhandlungen verwaltet. Als deren Vertreter in Luxemburg fungiert Preußen, welches das ehemalige Wälderdepartement dem Mittelrheinischen Gouvernement administrativ zuteilt. Schon am 5. Februar 1814 erläßt diese Verwaltungsbehörde einen neuen „Münztarif, nach dem die im Gouvernement des Mittelrheins kursierenden Münzen vom 1. März 1814 an bei den öffentlichen Kassen angenommen werden sollen"[1], der die hervorragende Stellung der Frankenwährung als der gesetzlichen Währung Luxemburgs jedoch in keiner

---

[1] Journal officiel du Département des Forêts, Nr. 2 vom 25. Mai 1814.

Weise berührt, was schon daraus hervorgeht, daß die Tarifsätze in Franken lauten.

2. Luxemburg im Königreich der Niederlande (1815 bis 1830). Das niederländische Münzgesetz von 1816 und die Einführung der Guldenwährung.

Der Wiener Kongreß vereinigte Holland und Belgien zu einem „Königreich der Niederlande" unter dem Zepter des Hauses Oranien. Gemäß Artikel 67 und 85 des Wiener Vertrags vom 9. Juni 1815 trat der Prinz von Oranien, König der Niederlande, seine Rechte auf verschiedne deutsche Besitzungen an den König von Preußen ab und erhielt als Entschädigung das zugleich zum Großherzogtum erhobne ehemalige Herzogtum Luxemburg, welches im Vertrag von dem Königreich der Niederlande besonders abgegrenzt wurde. Daneben wurde Luxemburg Mitglied des Deutschen Bundes und die Festung Luxemburg Bundesfestung.

Der Wiener Kongreß hatte also aus Luxemburg einen **deutschen Bundesstaat gemacht, der mit dem Königreich der Niederlande durch Personalunion verbunden war**[1]. Demungeachtet erklärte der König-Großherzog durch einen Beschluß vom 22. April 1815, Luxemburg sei staats- und verwaltungsrechtlich als ein integrierender Bestandteil des Königreichs der Niederlande zu betrachten. Diesen Rechtsbruch sanktionierte Artikel 1 der niederländischen Verfassung vom 24. August 1815: „.... Da das Großherzogtum Luxemburg, wie es der Wiener Vertrag abgegrenzt hat, derselben Souveränität unterworfen ist wie das Königreich der Niederlande, wird es auch nach demselben Grundgesetz regiert werden; seine Beziehungen zum Deutschen Bunde bleiben jedoch unberührt."

Schon am 14. Mai 1815 befaßte sich die neue Regierung mit der Reglung des Münzwesens durch den Erlaß eines neuen Münztarifs[2], der mit einer Ergänzung vom 4. September 1815 die französischen Münztarife vom 18. August 1810 und 30. November 1811 wieder in Kraft setzte. Diese neuen Tarife waren nur insofern be-

---

[1] Da die Erbfolge in den Niederlanden anders geregelt war als in Luxemburg, insbesondre das Salische Gesetz in Luxemburg, aber nicht in den Niederlanden galt, war es nicht ausgeschlossen, daß diese Personalunion einst gelöst würde. Diese Möglichkeit trat 1890 tatsächlich beim Tode Wilhelms III. und der Thronbesteigung seiner Tochter Wilhelmine ein, indem die luxemburger Krone an den ehemaligen Herzog von Nassau, Adolf, überging.

[2] Journal officiel du Département des Forêts, Nr. 39 vom 25. Mai 1815.

merkenswert, als ihre Sätze immer noch in Franken lauteten, da die 1803 in Luxemburg eingeführte Frankenwährung immer noch zu Recht bestand. Dieser Zustand sollte aber nicht mehr lange dauern. Die Periode der Frankenwährung ging ihrem Ende entgegen, und es begann die der Guldenwährung (von 1816—1830).

Das neue Königreich der Niederlande war aus zwei Gebieten, Holland und den ehemaligen österreichischen Niederlanden, zusammengesetzt worden, die einander nicht nur in kultureller und in religiöser, sondern auch in wirtschaftlicher, ganz besonders aber in währungspolitischer Hinsicht, ganz fremd waren — im Norden galt die Guldenwährung, im Süden das französische Geld. Letztres zugunsten des Gulden zu verdrängen und dem Reiche eine einheitliche Geldverfassung zu geben, galt nun als das vornehmste Ziel der Währungspolitik der niederländischen Regierung.

Der Feldzug, den die niederländische Regierung nunmehr gegen die Frankenwährung inszenierte, begann mit dem niederländischen Münzgesetz vom 28. September 1816, dem wichtigsten niederländischen Münzgesetz der Neuzeit. Der Zweck dieses Gesetzes war in den Motiven zum Entwurf folgendermaßen umschrieben[1]: „Die Einführung einer einheitlichen und einfachen Währung für das ganze Königreich, so daß nur eine einzige Geldart in allen Provinzen umläuft, wird die Handelsbeziehungen bedeutend erleichtern und die Bande der Union immer enger schließen". Das gesteckte Ziel sollte nun damit erreicht werden, daß der Silbergulden, der seit einem Jahrhundert als Landesmünze in den nördlichen Provinzen, d. h. in Holland zirkulierte, nunmehr allen Teilen der Monarchie aufoktroyiert und zur Grundlage der neuen Münzverfassung gemacht wurde.

So entstand das niederländische Münzgesetz vom 28. September 1816, welches die Doppelwährung mit dem Wertverhältnis zwischen Gold und Silber von 1 : 15,873 einführte. Beide Metalle hatten unbeschränkte Zahlungskraft, die Silberprägung war frei, die Goldprägung aber, in der Absicht, nur eine beschränkte Menge von Goldmünzen zu prägen, um eine Verdrängung des Silbergeldes, welches die Grundlage der Währung bildete, durch das Gold zu verhüten, der Regierung vorbehalten (Art. 11). Der Silbergulden wog 10,766 g, enthielt 9,613 g Feinsilber, war also $^{898}/_{1000}$ fein geprägt, zerfiel aber im Gegensatz zum alten holländischen Gulden, der in 20 Stüber (holländisch: stuivers; französisch: escalins) eingeteilt worden,

---

[1] Pasinomie belge 1832, 2e série, Tome 3, p. 422.

in 100 cents (Art. 2). Es wurde eine einzige Goldmünze, das 10-Guldenstück geprägt (Art. 3), mit einem Rauhgewicht von 6,729 g, einem Feingehalt von $^{900}/_{1000}$ und einem Feingewicht von 6,056 g (Art. 6). Das waren die wichtigsten Bestimmungen dieses Gesetzes, soweit sie die Gulden betrafen.

Wenngleich es zweifellos in der Absicht der niederländischen Politik lag, den Gulden zum alleinigen gesetzlichen Zahlungsmittel der Monarchie zu erheben, so konnte dieses Ziel doch nur nach einer Übergangsperiode erreicht werden. Der Gesetzgeber durfte sich der Erkenntnis nicht verschließen, daß der Gulden nur in Holland bekannt war, während der Süden, d. h. Belgien und Luxemburg, andre Zahlungsmittel besaß. Diese Tatsache mußten die Motive des Entwurfs auch unumwunden anerkennen: „Die französische Münze, Franken genannt, hat in den südlichen Provinzen[1] deren ursprüngliche Münzen allgemein ersetzt und läuft dort seit einigen Jahren als Landesmünze um"[2]. Die neue Münzverfassung mußte daher versuchen, die beiden widerstrebenden Gesichtspunkte, nämlich den politischen, der für die Stärkung und die Ausbreitung der holländischen Guldenwährung eintrat, und den wirtschaftlichen Gesichtspunkt, der durch das Organ der Interessenten die Erhaltung der Frankenwährung in den südlichen Provinzen einstimmig forderte, mit einander zu vereinigen. Es galt, die richtige Basis zu finden für einen Kompromiß, indem sowohl dem Gulden als auch dem Franken, wenigstens für die daran interessierten Teile der Monarchie, die Eigenschaft eines gesetzlichen Zahlungsmittels verliehen, resp. erhalten, und die gesetzliche Münzparität zwischen Gulden und Franken zweckmäßig bestimmt wurde.

Das Münzgesetz erkannte denn auch außer dem Gulden auch den Franken als gesetzliches Zahlungsmittel, aber nur in den südlichen Provinzen an. Die gesetzliche Wertrelation zwischen Gulden und Franken betrug $1 : 47^1/_4$, d. h.

$$1 \text{ Fr.} = 0{,}47^1/_4 \text{ fl.}$$
$$\text{oder } 1 \text{ fl.} = 2{,}1164 \text{ Fr.}$$

Dieses gesetzliche Wertverhältnis wich aber von der Münzparität sowohl zwischen Goldgulden und Goldfranken, als auch zwischen Silbergulden und Silberfranken nicht unerheblich ab. Zwischen Goldgulden und Goldfranken betrug nämlich

---

[1] Die südlichen Provinzen waren Belgien und Luxemburg, die nördlichen das heutige Königreich der Niederlande.

[2] Pasinomie belge, a. a. O. S. 422.

die Münzparität ... 1 Fr. = 0,4794 fl.¹
die gesetzliche Parität 1 = = 0,4725 =
und zwischen Silbergulden und Silberfranken:
die Münzparität ... 1 Fr. = 0,46812 fl.²
die gesetzliche Parität 1 = = 0,4725 =

Die Wahl des gesetzlichen Wertverhältnisses von 1 : 0,47¼ hatte wichtige Folgen in bezug auf die Vorherrschaft des Guldens oder des Franken im Geldumlaufe Belgiens und Luxemburgs, wo beide Geldarten ja ungehindert mit einander konkurrieren durften.

Was zunächst die allerdings hier, aus Gründen, die wir noch angeben werden, weniger in Betracht kommenden Goldmünzen betrifft, so stellte das Gesetz der richtigen Wertgleichung (Münzparität)

1 Goldfr. = 0,4794 Goldfl.

die Wertgleichung

1 Goldfr. = 0,4725 Goldfl.

entgegen. Dem Goldgulden wurde also kraft Gesetzes ein höherer als sein innrer Wert verliehn, und umgekehrt war der Goldfranken in der gesetzlichen Wertrelation zu niedrig bewertet. Die logische Konsequenz hiervon war, daß der gesetzlich zu niedrig bewertete Goldfranken, der ein beßres Geld war, als das Münzgesetz annahm, dem zu hoch tarifierten Goldgulden das Feld räumen mußte.

Diese Verdrängung des französischen Goldes durch das niederländische hat aber tatsächlich nicht stattgefunden. Der Gründe hierfür waren zwei:

1. Während der ersten Hälfte des 19. Jahrhunderts besaß Frankreich dem Gesetz nach die Doppelwährung, in Wirklichkeit aber die Silberwährung, weil der Silberwert auf dem Weltmarkt niedriger war als der, den Frankreich dem Silber in der Wertrelation 1 : 15,5 zugelegt hatte, und infolgedessen in Frankreich nur Silber geprägt wurde. Der Goldumlauf Frankreichs schrumpfte durch Einschmelzung für industrielle Zwecke und durch den Export des Edelmetalls immer mehr zusammen, während die Goldprägungen nur unbedeutend waren. Unter diesen Umständen konnte der Umlauf

---

[1] Feingehalt des Goldguldens ... 0,60561 g,
   =   =   Goldfranken ... 0,290323 g,
daher Münzparität 0,290323 : 0,60561 = 0,4794.

[2] Feingehalt des Silberguldens .. 9,613 g,
   =   =   Silberfranken .. 4,5 g,
daher Münzparität 4,5 : 9,613 = 0,46812.

französischer Goldmünzen in den Niederlanden nicht bedeutend sein — erzielten die Goldmünzen doch in Frankreich selbst ein Aufgeld.

2. Der Geldumlauf der Niederlande bestand fast nur aus Silber. Die Silberwährung hatte dort von jeher bestanden, und diese Währung entsprach vollkommen den Sitten des Landes. Die umfangreichen Goldprägungen, welche die Niederlande bald nach 1816 — der im Münzgesetz von 1816 ausgesprochnen Absicht zuwider — vornahmen, berührten die Vorherrschaft des Silbergeldes im Zahlungsverkehr nicht. Dieses Gold vermochte nicht in den Verkehr zu bringen; es wanderte in die Kassen der Banken und diente hauptsächlich zu Zahlungen an das Ausland, umsomehr als das stark abgenutzte Silbergeld nicht dazu verwertet werden konnte.

Auf der andern Seite war die gesetzliche Wertrelation zwischen Silbergulden und Silberfranken 1 Fr. = 0,47 1/4 fl., statt der Münzparität 1 Fr. = 0,46812 fl., der Erhaltung der Silbermünzen der Frankenwährung im Verkehr günstig, da der Silberfranken zu hoch, der Silbergulden hingegen zu niedrig bewertet wurde. Es stand daher zu erwarten, daß der Silberfranken den Silbergulden aus Belgien und Luxenburg verdrängen würde, und tatsächlich behauptete der französische Franken, den Absichten des niederländischen Gesetzgebers zum Trotz, seine Herrschaft in den südlichen Provinzen.

Endlich gab es noch eine dritte Gattung von Münzen, welche die Eigenschaft eines gesetzlichen Zahlungsmittels in den südlichen Provinzen erhielten; es waren die alten Landesmünzen der österreichischen Niederlande, sowie die alten französischen Münzen aus der Zeit des Königtums (Art. 14). Das gleiche galt in den nördlichen Provinzen für ihre frühern Landesmünzen (Art. 12).

3. Die Periode von 1816—1830. Die Verdrängung der Franken= durch die Guldenwährung. Die Währungspolitik Hollands seit 1830.

Das grundlegende niederländische Münzgesetz von 1816 hatte die Gulden und die Franken im Geldverkehr der südlichen Provinzen einander gleichgestellt. Diese Gleichberechtigung des Franken sollte aber nicht lange aufrecht erhalten bleiben. Die politische Tendenz der niederländischen Regierung, die Institutionen der nördlichen Provinzen im ganzen Königreich zu verbreiten, konnte ein so wirksames Werkzeug des wirtschaftlichen und des politischen Einflusses wie das Geld nicht außer Acht lassen. So begann seit 1816 zur Verdrängung der Frankenwährung eine mit allen Mitteln der Gesetz=

gebung und der Verwaltung unterstützte Akklimatisation des Guldens in Belgien und in Luxemburg.

Die erste Maßnahme in dieser Richtung war ein Regierungsbeschluß vom 19. November 1816, welcher den öffentlichen Behörden den ausschließlichen Gebrauch des Guldens als Rechnungseinheit vorschrieb. Diese Vorschrift war ein schwerer Eingriff in die Sitten des Südens, das Aufdrängen einer Rechnungseinheit, die den Behörden und dem Volke fremd war. Diese erste Verfügung wurde den Behörden durch einen zweiten Regierungsbeschluß vom 8. Dezember 1824 wieder eingeschärft, der zugleich einen neuen Tarif für die österreichischen Landesmünzen enthielt, die das Münzgesetz von 1816 beibehalten hatte. Die Bedeutung des neuen Tarifs lag darin, daß die Sätze nicht mehr auf Franken, wie es bisher in allen Münztarifen der Fall gewesen war, sondern nur noch auf Gulden lauteten.

Kurz darauf erfolgte der entscheidende Schritt. **Ein Gesetz vom 25. Februar 1825 entzog allen französischen Münzen — sowohl denjenigen des ancien régime, als auch denjenigen der Frankenwährung — die gesetzliche Zahlungskraft, so daß vom 14. Juni 1825 ab nur noch die Gulden und die noch umlaufenden alten Landesmünzen als gesetzliche Zahlungsmittel gelten sollten.**

Interessant war bei dieser Außerkurssetzung des französischen Geldes die Stellung der niederländischen Regierung zu der öfters aufgeworfenen staatsrechtlichen Streitfrage: Welche öffentlich-rechtlichen Folgen ergeben sich aus der Beilegung der Eigenschaft eines gesetzlichen Zahlungsmittels an eine fremde Geldsorte im Falle ihrer Außerkurssetzung? Oder mit andern Worten: Ist der Staat verpflichtet, die von ihm tarifierten fremden Münzen bei Entziehung der Geldqualität einzulösen?[1] Die niederländische Regierung glaubte, sich dieser Einlösungspflicht nicht entziehen zu dürfen und hat die bis dahin als gesetzliches Zahlungsmittel geltenden französischen Münzen zum Kurse von 47¼ Cents und später zu 46¾ Cents eingelöst.

Damit war die seit 1816 erstrebte Einheit im Münzwesen des Königreichs erzielt worden. Diese radikalen, die wirtschaftlichen Interessen der mit Frankreich in engen Handels- und Verkehrsbeziehungen stehenden südlichen Provinzen schädigenden Maßnahmen stießen aber

---

[1] Vgl. über diese Frage Karl Helfferich, Das Geld, S. 339 ff. Die Frage wäre bei der Liquidation der lateinischen Münzunion wieder aktuell.

auf einen energischen Widerstand bei allen Bevölkrungsklassen. Ganz besonders waren es die Organe der Selbstverwaltung, nämlich die Provinzialstände Belgiens und Luxemburgs, welche in verschiednen Adressen an die Krone scharfen Protest gegen die verfehlte Münzpolitik einlegten[1]. Wie groß dieser Widerstand war, ersehn wir auch aus der Menge amtlicher Publikationen und Rundschreiben, in welchen sich die Regierung bemühte, der Bevölkrung die Vorzüge des neuen Münzsystems klarzulegen[2].

Mit dem Ausbruch der belgischen Revolution (1830) trennt sich die Münzpolitik Hollands von derjenigen Belgiens und Luxemburgs. Bevor wir jedoch die weitre Entwicklung der Dinge in Belgien und Luxemburg verfolgen, sei die äußerst interessante Währungspolitik Hollands nach 1830 in diesem Zusammenhang noch kurz skizziert.

Die vom niederländischen Münzgesetz von 1816 angenommene Doppelwährung mit dem Wertverhältnis non 1:15,873 entsprach dem Wertverhältnis der beiden Edelmetalle auf dem Weltmarkt nicht, und es zeigte sich bald, daß das Silber in dieser Wertrelation zu niedrig angesetzt worden war[3]. Die Folge war, daß alles vollwichtige Silbergeld der Niederlande aus dem Verkehr verschwand, und nur die abgenutzten Stücke im Umlauf verblieben. Da Silberprägungen wegen

---

[1] Vgl. „Adresse der Provinzialstaaten des Großherzogtums Luxemburg an S. M. den König-Großherzog vom 11. Juli 1825" in P. Ruppert, Les Etats provinciaux du G.-D. de Luxembourg de 1816 à 1830. Luxemburg 1890, S. 753 ff.

[2] Interessant ist in dieser Beziehung folgendes Zirkular des Gouverneurs in Luxemburg „an die Verwaltungen der Stadt- und Landgemeinden des Großherzogtums, in betreff des neuen Münzsystems des Königreichs" (Mémorial adm. du G.-D. de Luxembourg, Nr. 52 vom 10. Oktober 1827).

„Wir laden Sie ein, alle Mittel, die in Ihrer Gewalt stehn, anzuwenden, um die Vollziehung der (verschiednen Münzgesetze seit 1816) in Ihrer betreffenden Gemeinde zu sichern, und vorzüglich von dem Einfluß Gebrauch zu machen, den Sie auf die Einwohner haben können, um sie zu bewegen, sich zu weigern, die französischen Münzarten über den Wert von 46³⁄₄ Cents den Franken anzunehmen, und alle ihre Rechnungen nach diesem neuen System anzufertigen. Sollten gegen Erwartung einige öffentliche Verwaltungen Ihrer Städte und Gemeinden, die Ihnen untergeordnet sind, ... ohnerachtet der an sie deshalb gemachten Ermahnungen, die Gewohnheit beibehalten haben, ihre Rechnungen in fremden Münzen zu halten und die französischen Münzen für 47¹⁄₄ Cents den Franken an ihrer Kasse anzunehmen, indem sie diese hernach wieder in Umlauf bringen, sollen Sie uns dieselben ... anzeigen."

[3] Das Wertverhältnis zwischen Gold und Silber betrug durchschnittlich auf dem Weltmarkt:

der hohen Silberpreise zu kostspielig geworden waren, wurden sie sistiert und nur noch Goldprägungen vorgenommen, was gewiß nicht im Sinne des Münzgesetzes von 1816, welches der Regierung die Goldprägung vorbehalten hatte, lag. So erhielten die Niederlande, abgesehen von stark abgenutzten, zu Zahlungen an das Ausland unverwertbaren Silbermünzen, einen überwiegenden Goldumlauf, während alle übrigen Staaten nur Silbergeld besaßen. Um aber die durch den Mangel an guten Silbermünzen im Verkehr entstandenen Zahlungsschwierigkeiten einigermaßen zu beseitigen, wurde durch ein Gesetz vom 22. Dezember 1825 neben dem bereits bestehenden 10 Guldenstück eine zweite Goldmünze, das 5 Guldenstück, eingeführt. Aber auch diese Maßnahme erwies sich alsbald als unzureichend, da besonders die vollwichtigen silbernen 3 Guldenstücke, ohne die der Zahlungsverkehr nicht auszukommen vermochte, sehr selten geworden waren.

So war Holland, welches im Münzgesetz von 1816 das Silber zur Grundlage der Guldenwährung hatte machen wollen, nach 20 Jahren schließlich bei der Goldwährung angelangt. Eine Reform der holländischen Geldverfassung war dringend geboten. Da aber Holland den Boden der Doppelwährung jetzt noch nicht verlassen wollte, versuchte man es zunächst mit einer Änderung des Wert= verhältnisses zwischen Gold und Silber. Dies geschah in einem Gesetz vom 22. März 1839, welches das Rauhgewicht des Silber= guldens von 10,766 g auf 10 g, den Feinsilbergehalt von 9,613 g auf 9,45 g ermäßigte und somit die Feinheit von $^{898}/_{1000}$ auf $^{945}/_{1000}$ erhöhte und eine Wertrelation zwischen Gold und Silber von 1 : 15,604, statt 1 : 15,873 schuf. Mit dieser Änderung wurde das erstrebte Ziel aber nicht erreicht; das Gold floß noch immer zu, und das Silber blieb fern. 1843 mußten die Goldprägungen vollständig eingestellt werden, und es wurde der Übergang von der Doppel= zur Silber= währung vorbereitet, indem die alten, stark abgenutzten Silbermünzen

---

     von 1801—1810 15,61,
     = 1811—1820 15,51,
     = 1821—1830 15,79,
     = 1831—1840 15,75,
     = 1841—1850 15,83,
dann der Umschwung infolge der kalifornischen und australischen Goldfunde:
     von 1851—1855 15,41,
     = 1856—1860 15,30,
     = 1861—1865 15,40.

1845 eingezogen und durch neues, dem Gesetz von 1839 entsprechendes Silbergeld ersetzt wurden. Und nun folgte der entscheidende Schritt. Von der herrschenden Ansicht beeinflußt, daß das Silber das Prägungsmetall der Zukunft sei, was ja damals durch die Tatsache bekräftigt wurde, daß alle Kulturstaaten tatsächlich einen Silberumlauf hatten, ging Holland, das allein einen überwiegenden Goldumlauf besaß, durch ein Münzgesetz von 1847, welches 1850 in Kraft trat, von der Doppel- zur Silberwährung über, indem das Silber allein gesetzliches Zahlungsmittel blieb, und die Goldgulden zu Handelsmünzen, auf denen nur Gewicht und Feingehalt, aber kein Wert anzugeben war, erklärt wurden. 1852 war die niederländische Geldreform vollständig durchgeführt, und nun segelte Holland 2 Jahrzehnte hindurch unter der Flagge der Silberwährung.

Wegen der fortschreitenden Entwertung des Silbers in den siebziger Jahren wurde die Silberprägung 1873 total eingestellt. Diese Maßnahme führte zu eigentümlichen Konsequenzen. Da die Silberprägung in den Niederlanden vollständig gesperrt war, und auch keine Goldkurantmünzen geprägt wurden — die Goldgulden galten bloß als Handelsmünze —, hatte die Nachfrage nach holländischen Zahlungsmitteln zur Folge, daß der Silbergulden, der in gegebnen, nicht vermehrbaren Mengen vorlag, an Wert zunahm. Während der Silberpreis auf dem Weltmarkt unaufhörlich zurückging, stieg der Wert des Silberguldens bis zu 10% über seinen Metallwert hinaus[1].

Dieser Zustand dauerte, bis Holland im Münzgesetz vom 6. Juni 1875 zur Goldwährung überging und die Goldprägung freigab. Gegenwärtig existiert nur eine einzige Goldmünze, das 10 Gulden-Stück[2] mit $^{900}/_{1000}$ Feinheit, 6,048 g Feingold. Außer dieser Goldmünze, welche die Grundlage der holländischen Währung bildet, gelten aber auch die Silbergulden — d. h. der Reichstaler von 2½ fl, der Gulden und der halbe Gulden (50 Cents) — als gesetzliches Zahlungsmittel[3], ähnlich wie die Taler in Deutschland, und insofern ist die holländische Goldwährung eine „hinkende" geblieben. Die Ausprägung dieser Silberkurantmünzen wurde selbst-

---

[1] Vgl. Helfferich, Das Geld, S. 77 und 176 ff.
[2] Die goldenen Fünfguldenstücke werden nicht mehr geprägt.
[3] Das gesetzliche Wertverhältnis zwischen Gold und Silber beträgt jetzt 1 : 15,625.

verständlich eingestellt. Die Zahlungskraft der übrigen Silbermünzen — der 25, 10 und 5 Centsstücke — wurde auf 10 fl. beschränkt.

Die gleiche Währungsverfassung, wie sie heute Holland besitzt, gilt seit 1877 auch in Niederländisch-Indien.

4. Die Periode von 1830—1839. Das belgische Münzgesetz von 1832.

Am 25. August 1830 brach die belgische Revolution aus. Nach kurzer Zeit schloß sich auch das Großherzogtum Luxemburg, mit Ausnahme jedoch der von deutschen Bundestruppen besetzten Hauptstadt, der Revolution an. Diese Erhebung veranlaßte die Bundesversammlung am 25. März 1831, die Mobilisation eines Heeres von 24000 Mann auf Kosten Luxemburgs zur Wahrung der bedrohten Integrität des Deutschen Bundes zu beschließen, welche aber nicht stattfand. Schließlich begnügte sich die Bundesversammlung am 19. August 1831, den Wunsch auszusprechen, es möchte keine Änderung des luxemburger Gebiets ohne die vorherige Zustimmung des Königs von Holland, der Agnaten des Hauses Nassau und der Bundesversammlung vorgenommen werden.

So begann für das Großherzogtum Luxemburg, welches, mit Ausnahme der dem König von Holland treu gebliebnen Hauptstadt, Belgien einverleibt und in die Provinz Luxembourg belge umgetauft worden war, die belgische Ära, welche bis zum Jahre 1839 dauerte. Während dieser Periode war die Währungspolitik des neuen Königreichs Belgien auch diejenige Luxemburgs; denn es wurden während dieser Zeit seitens der niederländischen Behörden, welche seit dem Ausbruch der Revolution nur noch die Hauptstadt verwalteten, sowie von den am 1. Januar 1831 (nachdem der König von Holland endlich die im Wiener Vertrag von 1815 geforderte Autonomie Luxemburgs anerkannt hatte) eingesetzten stadtluxemburgischen Verwaltungsbehörden[1] keine Verfügungen über das Münzwesen erlassen; vielmehr galten mehr oder weniger auch in der Hauptstadt die bezüglichen belgischen Verordnungen.

Eines der ersten Probleme, mit denen sich die Regierung des Königreichs Belgien zu befassen hatte, war die Lösung der durch die verfehlte niederländische Münzpolitik akut gewordnen Währungsfrage. Bereits am 5. Juni 1832 entstand das grundlegende belgische

---

[1] Beschluß betreffend die Einrichtung einer autonomen, von den übrigen Niederlanden unabhängigen Verwaltung für das Großherzogtum Luxemburg.

Münzgesetz, das eine Kopie des französischen Dekrets vom 7 germinal, an XI war: **es führte die französische Doppelwährung mit dem Wertverhältnis 1:15,5 auch in Belgien ein.** Außerdem enthielt dieses Gesetz noch Übergangsbestimmungen, welche die bisherigen Zahlungsmittel, nämlich die holländischen Gulden, die alten Landesmünzen und die französischen Franken betrafen.

1. Die holländischen Gulden.

Die Silbermünzen der Guldenwährung von 1816 blieben gesetzliches Zahlungsmittel wie vorher; sie wurden gesetzlich mit 47 1/4 Cents pro Franken tarifiert (Art. 19).

Das gleiche galt für die Goldmünzen der Guldenwährung (10 und 5 Guldenstücke), aber nur bis zum 31. Dezember 1832; nachher sollten sie mit 48 1/4 Cents pro Franken bewertet werden (Art. 20). Da die Münzparität zwischen Goldfranken und Goldgulden

$$1 \text{ Fr.} = 0{,}4794 \text{ fl.}$$

betrug, sollte die in Aussicht genommene Erhöhung des gesetzlichen Kurses auf 48 1/4 Cents, wodurch der Goldgulden zu niedrig bewertet wurde, dessen Verdrängung durch den Franken zur Folge haben. Es zeigte sich aber bald, daß dieser Verdrängungsprozeß des Goldguldens mit großen Nachteilen verbunden war. Wie Frankreich, so hatte auch Belgien durch Annahme der Wertrelation zwischen Gold und Silber von 1:15,5 das Gold für die damaligen Verhältnisse auf dem Edelmetallmarkt zu niedrig bewertet[1], was beiden Staaten einen fast ausschließlich aus Silbermünzen bestehenden Geldumlauf verschaffte, während Holland genau zur selben Zeit infolge seines Wertverhältnisses 1:15,873 einen überwiegenden Goldumlauf besaß. Belgien konnte aber ohne Goldmünzen nicht auskommen. Die Prägung der im Art. 7 des belgischen Münzgesetzes von 1832 vorgesehenen Goldmünzen von 20 und 40 Franken erwies sich bei der herrschenden Goldknappheit als zu kostspielig; auch war zu befürchten, daß diese Goldmünzen nach dem Ausland exportiert, resp. ein bedeutendes Agio im inländischen Verkehr erzielen würden. Aus diesen Gründen mußte die Prägung von belgischen Goldmünzen unterbleiben. Belgien hatte daher ein großes Interesse daran, die Goldmünzen der Guldenwährung in seinem Geldumlauf zu erhalten; das war aber nur möglich, wenn die gesetzliche Parität von 47 1/4 beibehalten, resp. nicht über die Münz-

---

[1] Vgl. S. 19, Anm. 3.

parität von 47,94 erhöht wurde. Deshalb wurde der im Art. 20 des Münzgesetzes bestimmte Zeitpunkt, nach welchem die Tarifierung der Goldgulden zu 48¼ stattfinden sollte, mehrmals hinausgeschoben, bis schließlich ein Gesetz vom 27. Dezember 1833 den Kurs von 47¼ endgültig beibehielt.

Die Goldgulden bewahrten ihre Eigenschaft als gesetzliches Zahlungsmittel in Belgien bis zu dem Gesetz vom 19. Juni 1850, welches sie aus dem Geldverkehr ausschloß. Diese Maßnahme war infolge des Übergangs Hollands von der Doppel= zur Silberwährung im Jahre 1850 notwendig geworden.

2. Die Münzen der französischen Frankenwährung, die einen bedeutenden Teil des Geldumlaufs in Belgien ausmachten, erhielten die Eigenschaft eines gesetzlichen Zahlungsmittels in demselben Umfange wie die belgischen Franken (Art. 23).

3. Auch die noch vorhandenen alten Landesmünzen wurden zu den bisherigen Tarifsätzen als gesetzliche Zahlungsmittel beibehalten (Art. 21)[1].

Schließlich führte das belgische Münzgesetz den Franken an Stelle des Guldens als Rechnungseinheit ein (Art. 26) und hob damit den niederländischen Beschluß von 1824, der so viel böses Blut gemacht hatte, auf. Eine Übergangsbestimmung (Art. 25) verfügte, daß die in Gulden lautenden Obligationen in Zukunft zum Kurse von 47¼ in Franken umzurechnen und entsprechend zu erfüllen seien.

Luxemburg beteiligte sich an der belgischen Währungspolitik nur bis zum Jahre 1839. Über das spätre Schicksal des belgischen Geldwesens sei folgendes bemerkt.

Die im Münzgesetze von 1832 vorgesehenen Goldmünzen waren aus den bereits erwähnten Gründen nicht geprägt worden. In dem Zeitraum von 1832—1847 prägte das Königreich Belgien nur Silbermünzen, und wenn es nicht den französischen und besonders den niederländischen Goldmünzen die gesetzliche Zahlungskraft verliehen hätte, so wäre aus der belgischen Doppelwährung tatsächlich eine

---

[1] Der Umlauf der alten Landesmünzen hörte sehr bald vollständig auf. Nachdem nämlich Belgien und Luxemburg 1839 voneinander getrennt worden waren, wurden die alten Landesmünzen durch ein belgisches Gesetz vom 17. Februar 1840 mit einem ergänzenden Beschluß vom 26. Februar 1840 aus dem belgischen Geldumlauf definitiv ausgeschlossen. Diese Maßnahme veranlaßte Luxemburg, die Außerkurssetzung dieser Münzen durch einen Beschluß vom 24. März 1840 ebenfalls zu verfügen. (Vgl. Mémorial législatif et adm. du G. D. de L., 1840, Nr. 14, S. 101 ff.)

Silberwährung geworden. Um dem empfindlichen Mangel an Goldmünzen abzuhelfen, entschloß sich Belgien, welches mit Rücksicht auf seine engen Verkehrsbeziehungen mit Frankreich den Boden der Doppelwährung mit dem Wertverhältnis 15,5 : 1 nicht verlassen wollte, zu einem sonderbaren währungspolitischen Experiment. Ein Gesetz vom 31. März 1847 ordnete die Prägung belgischer Goldmünzen von 10 und 25 Franken für einen Betrag von 20 Millionen Franken an. Um aber diese nationalen Goldmünzen im inländischen Geldumlauf zu erhalten, speziell ihren Abfluß nach Frankreich zu verhindern[1], und dem Umstand Rechnung zu tragen, daß das Wertverhältnis zwischen Gold und Silber auf dem Weltmarkt in den 40 er Jahren durchschnittlich 1 : 15,83, statt 1 : 15,5 betrug, wurden diese Goldmünzen unterwertig geprägt, d. h. statt aus einem Kilo Feingold 3444,44 Goldfranken zu prägen, wie es die französische und die belgische Doppelwährung verlangte, prägte man deren 3515. Diese belgischen Goldmünzen, die in Wirklichkeit keine Kurantmünzen, sondern goldne Scheidemünzen waren, haben keine praktische Bedeutung erlangt. Ihre Prägung hörte bereits 1850 auf, nachdem nur 14,6 Millionen geprägt worden waren.

Das Vorgehn Hollands veranlaßte Belgien ebenfalls im Jahr 1850, den Übergang von der Doppel= zur Silberwährung zu beschließen (Gesetz vom 28. Dezember 1850)[2]. Alle umlaufenden Goldmünzen wurden sukzessiv außer Kurs gesetzt: das holländische Gold durch

---

[1] Diesem Zweck diente speziell die Prägung einer Goldmünze von 25 Fr., statt der in Frankreich üblichen von 20 Fr.

[2] Der Vollständigkeit halber sei ein luxemburger Münzgesetz vom 7. März 1851 an dieser Stelle erwähnt, welches durch den Übergang Hollands und Belgiens von der Doppel= zur Silberwährung in den Jahren 1847 und 1850 veranlaßt wurde. Da sowohl das niederländische Münzgesetz von 1816 als auch das belgische Münzgesetz von 1832 und die in Ausführung derselben geprägten Gold= und Silbermünzen in Luxemburg Geltung besaßen, mußte Luxemburg jede Ändrung in diesen zwei Münzverfassungen verfolgen und insbesondre jede Außerkurssetzung und Verwandlung eines dieser gesetzlichen Zahlungsmittel in eine bloße Handelsmünze (Goldgulden) auch in seinem Gebiet rechtzeitig verfügen. Um dies bequemer und rascher durchführen zu können, wurde die Regierung durch Gesetz vom 7. März 1851 ein für allemal ermächtigt, „alle Maßnahmen zu treffen, um sowohl die Interessen der Staatskasse als auch der Einwohner gegen die Außerkurssetzung und die Wertverminderung jedweder Münze zu schützen, die einen gesetzlichen oder einen Toleranzkurs im Großherzogtum besaß". Diese Ermächtigung diente in der Folge öfters dazu, gewisse ausländische Münzen auf Grund eines Regierungsbeschlusses aus dem Geldumlauf auszuschließen.

Gesetz vom 19. Juni 1850, das französische Gold kurze Zeit nachher und schließlich auch das belgische Gold am 11. August 1854. Von 1851—1865, dem Zeitpunkt, in welchem Belgien der lateinischen Münzunion beitrat, wurden wiederum nur Silbermünzen und speziell 5 Frankenstücke in großen Mengen geprägt. Letztre sind es, welche die Liquidation der lateinischen Münzunion für Belgien schwierig gestalten werden.

5. Die Übergangsperiode von 1839—1842.

Nach dem Ausbruch der belgischen Revolution hatte die 1831 in London zusammengetretne Konferenz der Großmächte die Unabhängigkeit Belgiens anerkannt. Was sollte aber aus dem Großherzogtum Luxemburg werden? Die Lösung dieser „luxemburger Frage" war keineswegs leicht. Der Wiener Kongreß von 1815 hatte Luxemburg als einen autonomen, in Personalunion mit dem Königreich der Niederlande verbundnen deutschen Bundesstaat ins Leben gerufen, der infolgedessen von einer Krisis und einer Spaltung des Königreichs der Niederlande nicht getroffen werden konnte. Infolge des 1815 von der niederländischen Krone vollzognen Rechtsbruches aber war die Lage des Großherzogtums bis 1830 tatsächlich eine andre gewesen; Luxemburg war nicht als autonomer Staat, sondern als niederländische Provinz regiert worden und hatte sich denn auch als solche am Aufstand beteiligt. Sollte nun Luxemburg als deutscher Bundesstaat unter der Herrschaft der Oranier erhalten, oder Belgien zugeteilt werden? Man entschied sich prinzipiell für das erstere, weil man den Deutschen Bund seines stärksten Waffenplatzes an der französischen Grenze nicht berauben wollte, trug aber auch der durch die Revolution geschaffnen tatsächlichen Lage Rechnung. Der Londoner Vertrag vom 19. April 1839 stipulierte, daß der deutsch redende Teil des Großherzogtums, der nur $^1/_3$ des ganzen Gebietes — das Großherzogtum in seiner heutigen Gestalt — mit der Hauptstadt umfaßte, — dem König von Holland als Großherzog von Luxemburg und deutschen Bundesfürst verbleiben, der Rest d. h. der wallonische Teil aber an Belgien fallen sollte[1]. Infolgedessen zogen sich die belgischen Behörden, welche das ganze Großherzogtum mit Ausnahme der Hauptstadt seit 1830 verwaltet hatten, 1839 auf das Belgien zugewiesne Gebiet zurück.

---

[1] Das ist die heutige belgische Provinz „Luxembourg belge".

Am 12. Oktober 1841 erhielt Luxemburg eine eigne landständische Verfassung, welche ihm vollständige Autonomie in Gesetzgebung und Verwaltung gewährte¹. Von nun an durfte Luxemburg eine selbständige Währungspolitik treiben.

Als der König-Großherzog die Zügel der Regierung wieder ergriff, hatte er sich zunächst über die zukünftige Geltung der von den belgischen Behörden erlassnen Gesetze und Verordnungen — darunter auch der belgischen Münzgesetze —, die bis dahin im ganzen Lande mit Ausnahme der Hauptstadt gegolten hatten, auszusprechen, mit andern Worten, zu entscheiden, ob die neue Regierung von dem 1839 bestehenden staatsrechtlichen Zustand ausgehen, oder aber ob sie auf den Rechtszustand vor dem Ausbruch der Revolution (1830) zurückgreifen sollte. Ein Königlich-Großherzoglicher Beschluß vom 11. Juni 1839 versuchte diese Rechtsfrage mit der Bestimmung zu lösen: Die Verwaltung hat vorläufig zu erfolgen „nach den zur Zeit der Besitznahme bestehenden Gesetzen und Verordnungen, welche daher für die Behörden und Einwohner vorläufig verbindend bleiben, mit Ausnahme jedoch derjenigen gesetzlichen Bestimmungen, insofern deren Bestehen, welche dem Zustand von Feindseligkeiten zwischen den Niederlanden und Belgien . . . . . . ihren Ursprung verdanken²."

Dieser Beschluß, der Klarheit schaffen sollte, erzeugte im Gegenteil eine gefährliche Unsicherheit in vielen staats- und verwaltungsrechtlichen Fragen, aus welcher in der Folge zahlreiche Kontroversen entstanden, da die „zur Zeit der Besitznahme bestehenden Gesetze und Verordnungen" auf dem von den belgischen Behörden von 1830—1839 verwalteten Lande andre waren, als in der dem Herrscher treu gebliebnen Hauptstadt. Insbesondre erzeugte dieser Beschluß eine Konfusion im luxemburger Münzrecht. Welches war nun das Grundgesetz der luxemburger Münzverfassung? Das holländische Münzgesetz von 1816, welches in der Hauptstadt Luxemburg bis dahin stets gegolten

---

[1] Die Auflösung des Deutschen Bundes (1866) bewirkte die volle Unabhängigkeit des Großherzogtums als souveräner Staat. Die Anerkennung dieses neuen Rechtsverhältnisses geschah durch den Londoner Vertrag von 1867, welcher außerdem die ständige Neutralität des Landes unter der Kollektivgarantie der versammelten Mächte proklamierte. Damit war die „luxemburger Frage", welche bereits 1867 einen Krieg zwischen Frankreich und Preußen beinahe herbeigeführt hätte, gelöst. Endlich wurde 1890 das letzte Band, die Personalunion mit Holland, gelöst, indem die luxemburger Krone beim Tode Wilhelms III., der keine männlichen Nachkommen hinterließ, auf die Seitenlinie der 1866 depossedierten Herzöge von Nassau überging.

[2] Mémorial législatif et administratif du G. D. de L., 1839, S. 35.

hatte, oder das belgische Münzgesetz von 1832, welches das übrige Großherzogtum angenommen hatte, oder gar beide?

Diese wichtigen Rechtsfragen sind nie in unzweideutiger Weise gelöst worden, und es hätte auch schwer gehalten, eine der beiden Auffassungen mit triftigen Argumenten zu verfechten. Die Gesetzgebung hat es in der Periode von 1839—1848, als eine Neuordnung der luxemburger Währung eintrat, mit Fleiß unterlassen, sich zugunsten der Gulden oder der Franken auszusprechen; insbesondre blieb die Frage offen, ob auch die Franken noch gesetzlich Zahlungskraft besäßen oder nicht.

Wir finden in der Zeit von 1839—1842 nur zwei das Geldwesen betreffende Verordnungen.

1. Ein Beschluß von 1839 setzte den Wert des Franken für die Einnahmen und die Ausgaben der öffentlichen Kassen auf 47 Cents holländischer Währung fest. Die Fassung dieses Beschlusses[1] war aber so undeutlich, daß man darüber streiten konnte, ob er als Ergänzung des niederländischen Münzgesetzes von 1816 in dem Sinne aufzufassen war, daß der Franken wieder einen Kassakurs für die Staatskassen erhielt, oder aber, ob er eine Korrektur der im belgischen Münzgesetz von 1832 enthaltnen Tarifierung des Guldens mit 47¼ Cents pro Franken enthielt.

2. Das gleiche gilt von einem Beschluß vom 20. August 1841, welcher den obigen Kurs von 47 auf 47¼ erhöhte[2].

Diese Beschlüsse waren weit davon entfernt, Klarheit im Münzwesen zu schaffen, und so begegnen wir den seltsamsten Widersprüchen in den Äußerungen maßgebender Kreise jener Zeit über die luxemburger Münzverfassung. So wurde 1848 in der Kammer der Abgeordneten in der Diskussion über den Antrag, den jährlichen Etat zukünftig in Franken, statt in holländischen Gulden wie bisher, aufzustellen[3], von einem Abgeordneten verlangt, es sollte dem Franken der Charakter eines gesetzlichen Zahlungsmittels verliehen werden, während andre Abgeordnete der Ansicht waren, der Franken besitze diese Eigenschaft noch von früher her.

---

[1] Wortlaut: „Der Wert, zu welchem der Franken vom 1. September d. J. ab an allen öffentlichen Kassen Unseres Großherzogtums zu empfangen und auszugeben ist, wird auf 47 Cents festgesetzt."

[2] Wortlaut: „Der Wert, zu welchem usw. . . . wird auf 47¼ Cents festgesetzt."

[3] Compte-rendu des séances de la Chambre des Députés, 1848, S. 681 ff. Dieser Antrag wurde angenommen.

Wie hatte nun der Verkehr die schwebende Rechtsfrage gelöst?

Zunächst war der Gulden seit 1839 wiedrum als Rechnungs=
einheit in allen öffentlichen Verwaltungen eingeführt worden; den
niederländischen Regierungsbeschlüssen von 1816 und 1824 gemäß
lauteten alle öffentlichen Urkunden, Bekanntmachungen, Marktberichte,
der jährliche Etat usw. wiedrum in Gulden. Hingegen wurden
alle Zahlungen im privaten Verkehr in Franken festgesetzt. Der
Geldumlauf setzte sich sowohl aus Goldmünzen der Gulden=
währung, als auch aus französischem und belgischem Silbergeld zu=
sammen, und diese Münzarten wurden als gleichberechtigte Zahlungs=
mittel angesehn; auch die in immer größerm Maße kursierenden
deutschen Taler genossen eine Art Toleranzkurs. Diese Verkehrssitte
führte in der Folge dazu, daß die Auffassung, sowohl der Gulden,
als auch der Franken seien gesetzliche Zahlungsmittel, und es gelte
in Luxemburg nicht nur das niederländische Münzgesetz von 1816,
sondern auch das belgische von 1832, immer mehr an Boden gewann,
und schließlich von der Regierung angenommen wurde. Bei Gelegenheit
einer großen münzpolitischen Debatte in der Kammer der Abgeordneten
über den Antrag eines Mitgliedes, die Taler als gesetzliches Zahlungs=
mittel anzuerkennen — ein Antrag, der verworfen wurde —, führte
der Finanzdirektor nämlich folgendes aus[1]:

„**Die Basis unsers gegenwärtigen Münzrechts ist
das (niederländische) Gesetz von 1816, welches den Gulden
als Münzeinheit annimmt.** Dieses Gesetz blieb in Luxemburg
bis zum Jahre 1832 in Kraft, an welchem Zeitpunkt das belgische
Gesetz hinzutrat, welches den Franken als Münzeinheit annahm.
Letzters Gesetz galt in ganz Luxemburg mit Ausnahme der Stadt
Luxemburg, in welcher das Gesetz von 1816 nach der 1839 ein=
getretnen Trennung (Luxemburgs von Belgien) in Kraft verblieb.
(Das Großherzogtum) Luxemburg besaß also eine Zwittergesetzgebung
(législation bâtarde) ....., ein andres (Münz=)Recht für die
Landgemeinden als für die Stadt Luxemburg. 1839 bestimmte der
internationale (Londoner) Vertrag, daß alle im Lande bestehenden
Gesetze bis auf weiters in Kraft bleiben würden. **Beide (Münz=)
Gesetze sind also im (Großherzogtum) Luxemburg
geltend geblieben.**"

---

[1] Compte-rendu des séances de la Chambre des Députés 1850, S. 996 ff.

6. Der Beitritt Luxemburgs zum Deutschen Zollverein und zur Dresdner Münzkonvention von 1838 im Jahre 1842.

Im Jahre 1842 trat das Großherzogtum Luxemburg in den Deutschen Zollverein, nachdem vertrauliche, bezügliche Anfragen Hollands bei Preußen bereits im Frühjahr 1839 stattgefunden hatten. Preußen war anfänglich — wohl mit Rücksicht auf die Exponiertheit des Landes — wenig geneigt, dem Beitrittsgesuch zu entsprechen. Erst die Erwägung, daß Luxemburg sonst Zollanschluß bei Belgien oder Frankreich suchen würde, veranlaßte Preußen, Luxemburg nach langwierigen Verhandlungen in den Zollverband aufzunehmen. Luxemburg trat somit mit seinem Zollwesen ganz unter preußische Kontrolle, erhielt auch keine selbständige Stimme im Zollverein, sondern wurde dort durch Preußen vertreten.

Dieser Zollanschluß war für Luxemburg der Beginn einer neuen, fortschreitenden wirtschaftlichen Entwicklung und zugleich ein Wendepunkt in seiner Währungspolitik: eine neue Währung, die Talerwährung, tritt in Luxemburg auf, während die holländischen Gulden zu gleicher Zeit infolge der neuen wirtschaftlichen Konstellation, der räumlichen Trennung Luxemburgs von Holland und des Übergangs Hollands zur Silberwährung rasch aus dem luxemburger Geldumlauf verschwinden. Franken und Taler sind es nunmehr, welche bis zur Gegenwart um die Vorherrschaft im luxemburger Geldumlauf ringen.

Welches war die Lage des deutschen Geldwesens in dem Augenblick, als sich Luxemburg dem deutschen Wirtschaftsgebiet anschloß, und eine Annährung Luxemburgs an das deutsche Münzwesen infolgedessen notwendig erschien und ihm zur Pflicht gemacht wurde?

Seit der Mitte des 18. Jahrhunderts herrschte in Deutschland allgemein die sogenannte Parallelwährung, d. h. das Verhältnis der Gold- zu den Silbermünzen wurde durch den freien Verkehr bestimmt. Von der Parallelwährung ausgehend, gelangte Deutschland gegen Ende des 18. Jahrhunderts durch Verkümmerung des Goldumlaufs zur reinen Silberwährung[1]. Das Silber war im deutschen Münzwesen zu Anfang des 19. Jahrhunderts so maßgebend geworden, daß die noch zu erörternden Münzkonventionen von 1837 und 1838 die Goldmünzen überhaupt nicht erwähnten, obgleich solche geprägt wurden und im Geldverkehr umliefen, wo sie allerdings mehr als Handelsmünzen aufgefaßt wurden.

---

[1] Nur Bremen hatte Goldwährung.

Ein andres charakteristisches Merkmal des deutschen Geldwesens um das Jahr 1830 war die große Münzzersplitterung, eine Folge der politischen Vielstaaterei. Doch hatte das preußische Münzsystem die Führerrolle in Norddeutschland übernommen. Der 1750 in Preußen eingeführte friederizianische 14 Talerfuß hatte sich allmählich auf Nord- und Mitteldeutschland ausgedehnt und war der wichtigste deutsche Münzfuß geworden. Die vom Deutschen Bunde anerkannte Souveränität der einzelnen deutschen Staaten, und die damalige Auffassung des Münzregals als eines wesentlichen Souveränitätsrechts, erschwerten die allgemein als notwendig anerkannte einheitliche Reglung des deutschen Münzwesens in hohem Maße. Ein Zusammenwirken auf diesem Gebiete erschien aber immer mehr als unabweisbar. 1837 schlossen sich die süddeutschen Staaten zusammen und nahmen in der Münchner Konvention den 24½ Guldenfuß an. 1838 einigten sich alle Zollvereinsstaaten in der Dresdener Münzkonvention über die Einführung von 2 Münzfüßen, dem 14 Tafelfuß im Norden und dem 24½ Guldenfuß im Süden[1]. Eine neue Münze, der Vereinstaler, sollte den Zusammenhang zwischen den beiden Prägungssystemen herstellen, indem diese Münze im Werte von 2 Talern oder 3½ Gulden in allen Vereinsstaaten übereinstimmend geprägt und in allen gesetzliche Zahlungskraft besitzen sollte[2]. Abgesehn von den Vereinstalern war keiner der kontra-

---

[1] Dresdner Münzkonvention vom 30. Juli 1838.

Art. 1. „Als Grundlage des gesamten Münzwesens in den Landen der hohen kontrahierenden Teile soll in allen Münzstätten einerlei Münzmark angewendet werden, deren Gewicht ... auf 233,855 Gramme festgesetzt wird."

Art. 2. „Nach dieser gemeinsamen Grundlage soll das Münzwesen in den sämtlichen Landen der kontrahierenden Staaten geordnet werden und zwar in der Art, daß, jenachdem darin die Taler- und Groschen- oder die Gulden- und Kreuzerrechnung hergebracht oder den Verhältnissen entsprechend ist,

entweder: der Vierzehntalerfuß, bei welchem die Mark feinen Silbers zu 14 Talern ausgebracht wird, mit dem Wertverhältnis des Talers zu 1¾ Gulden,

oder: der 24½ Guldenfuß, bei welchem aus der Mark feinen Silbers 24½ Gulden geprägt werden, mit dem Wertverhältnis des Guldens zu 4/7 Taler, als Landesmünzfuß gelten wird."

Art. 3 bestimmte genau, welche Staaten — Luxemburg fehlte dabei — die Taler- und welche die Guldenwährung beizubehalten resp. einzuführen hatten.

[2] Art. 7. „Zur Vermittlung und Erleichterung des gegenseitigen Verkehrs unter den kontrahierenden Staaten soll eine, den beiden im Art. 2 gedachten Münzfüßen entsprechende gemeinschaftliche Hauptsilbermünze — Vereinsmünze — zu einem Siebenteile der Mark fein Silbers ausgeprägt werden, welche sonach

hierenden Staaten verpflichtet, selbst die nach demselben Münzfuß geprägten Münzen der übrigen Vereinsstaaten in seinem Geldverkehr zuzulassen; doch machte keiner von der ihm rechtlich zustehenden Befugnis, die Münzen der andern Vereinsstaaten auszuschließen, Gebrauch. Das war der münzpolitische Zustand der Zollvereinsstaaten in dem Augenblick, als Luxemburg dem Zollverein und auch dem Münzverein, d. h. der Dresdner Münzkonvention, beitrat[1]: Deutschland hatte zwar einen **Münzverein**, der sich mit dem Zollverein deckte, aber keine **Münzeinheit**; zudem war die Vereinsmünze unhandlich, sie gelangte daher nie zu großer Bedeutung.

Der Beitritt Luxemburgs zum Zollverein erfolgte durch den am 8. Februar 1842 zwischen dem König-Großherzog und dem König von Preußen als Vertreter Preußens und der andern Zollvereinsstaaten[2] abgeschlossnen Vertrag. Dieser Vertrag befaßte sich auch mit dem Münzwesen in der richtigen Erkenntnis, daß die Beseitigung der Zollschranken nur Stückwerk bleiben würde, solange die aus der Verschiedenheit der Münzsysteme entspringenden Verkehrshindernisse nicht abgeschafft wären.

Art. 11 des Vertrags lautete wie folgt: "S. M. der König-Großherzog schließen sich für das Großherzogtum Luxemburg den Verabredungen an, welche zwischen den zu dem Zoll- und Handelsvereine gehörigen Regierungen wegen Herbeiführung eines gleichen Münz-, Maß- und Gewichtssystems getroffen worden sind, und treten insbesondre hierdurch der ... unter dem 30. Juli 1838 abge-

---

den Wert von 2 Talern oder 3½ Gulden erhalten wird und zu diesem Werte im ganzen Umfange der kontrahierenden Staaten, bei allen .... öffentlichen Kassen, sowie im Privatverkehr, ... unbeschränkte Gültigkeit ... haben soll."

Art. 11. "Die Feststellung des Wertverhältnisses, nach welchem zum Behufe des Überganges zu dem neuen Landesmünzfuße (Art. 3) die Münzen des bisherigen Landesmünzfußes eingelöst, oder im Umlauf gelassen werden sollen, bleibt jedoch einer jeden beteiligten Regierung vorbehalten."

[1] Die durch die Dresdener Konvention von 1838 geschaffne Münzverfassung der Zollvereinsstaaten blieb bis zum Wiener Vertrag von 1857 unverändert. Das Münzkartell vom 21. Oktober 1845 befaßte sich lediglich mit der Falschmünzerei u. dgl. Münzverbrechen.

[2] Es waren dies: die Königreiche Preußen, Bayern, Sachsen, Württemberg, die Großherzogtümer Baden, Kurhessen, Hessen und Sachsen-Weimar-Eisenach, die Herzogtümer Sachsen-Meiningen, Sachsen-Altenburg, Sachsen-Coburg und Gotha, Nassau, die Fürstentümer Schwarzburg-Rudolstadt, Schwarzburg-Sondershausen, Reuß-Greiz, Reuß-Schleiz, Reuß-Lobenstein und Ebersdorff und die freie Stadt Frankfurt a. M.

schlossnen . . . (Dresdner) Münzkonvention bei, indem Allerhöchstdieselben zugleich erklären, entweder den 14 Talerfuß oder den 24½ Guldenfuß in dem Großherzogtum als Landesmünzfuß annehmen zu wollen"[1].

7. Die Talerwährung in Luxemburg von 1842—1847.

Mit dem Beitritt zur Dresdner Münzkonvention hatte Luxemburg folgende Verpflichtungen übernommen:

1. **Einen der beiden in der Münzkonvention vorgesehnen Münzfüße anzunehmen und infolgedessen in seinem Münzrecht sowohl den Boden der Franken-, als auch den der Guldenwährung ganz zu verlassen.**

2. **Die Vereinstaler als unbeschränktes gesetzliches Zahlungsmittel anzuerkennen (Art. 7 der Münzkonvention).**

Um diesen Verpflichtungen nachzukommen, erließ Luxemburg am 16. März 1842 folgenden Beschluß[2]:

„... **In Ausführung der mit den Zollvereinsstaaten am 8. Februar letzthin abgeschlossnen Verträge haben Wir geruht, folgendes zu beschließen:**

Art. 1. **Der Wert, zu welchem vom 1. April d. J. ab der Franken an allen öffentlichen Kassen, sofern es sich um Zahlungen in Zollangelegenheiten handelt, anzunehmen und auszugeben ist, wird auf 8 preußische Silbergroschen festgesetzt.**

Art. 2. **Das Verhältnis der niederländischen Münzen zum Franken wird hierdurch nicht berührt.**"

Dieser „in Ausführung der mit dem Zollverein abgeschlossnen Verträge" erlaßne Beschluß war nichts weniger als eine Erfüllung der von Luxemburg übernommnen münzrechtlichen Verpflichtungen; ja er widersprach ihnen sogar ausdrücklich, da dieser Beschluß, anstatt den 14 Talerfuß als Landesmünzfuß anzunehmen und mindestens die Vereinstaler zum gesetzlichen Zahlungsmittel zu erklären, sogar die Entrichtung der in Talern und in süddeutschen Gulden festgesetzten Zölle des Zollvereins nicht nur in Talern, sondern auch in Franken gestattete: der Beschluß verschaffte also sogar einer fremden Münze gesetzlichen Eingang in die Zollvereinskassen.

---

[1] Mémorial législatif et administratif du G. D. de L. 1842, Nr. 12, S. 69.
[2] Ebenda 1842, Nr. 21, S. 269.

Dieser eigentümliche Beschluß zeigt deutlich die Absicht der luxemburger Regierung, dem Zollverein so wenig wie möglich von der Selbständigkeit im Münzwesen zu opfern, was ja zu einer Zeit, die politisch im Zeichen des Partikularismus stand, und bei der Unsicherheit, die insbesondre infolge der unvorsichtigen Währungspolitik einiger süddeutschen Staaten in den damaligen Münzverfassungen Deutschlands herrschte, einigermaßen begreiflich war. Dazu war die Bevölkrung Luxemburgs einer Änderung des bestehenden Geldsystems und dem Übergang zu der noch nicht recht akkreditierten Talerwährung durchaus abgeneigt; die allgemeine Tendenz ging vielmehr, mit Rücksicht auf die regen Handelsbeziehungen Luxemburgs zu Frankreich und Belgien, auf eine Reform der luxemburger Münzverfassung im Sinne der Erhebung der Frankenwährung zur alleinigen gesetzlichen Währung und des Anschlusses an das französische Münzsystem.

Der Beschluß von 1842 ist noch insofern bedeutsam, als hier zum ersten Male die gesetzliche Wertrelation

1 Fr. = 8 Silbergr. der Talerwährung

oder 1 Taler = 30 Silbergr. = $3^3/_4$ Fr.

erscheint. Diese gesetzliche Wertrelation zwischen Taler und Franken war wohl mit Rücksicht darauf gewählt worden, daß der Grenzverkehr sich ihrer schon seit längerer Zeit bediente. Diese gesetzliche Parität zwischen Taler und Franken entsprach jedoch der Münzparität (1 Taler = 3,712 Fr.) nicht[1].

Es ließen sich hier noch viele Maßnahmen der luxemburgischen Regierung anführen zum Beweise, daß es ihr mit der genauen Erfüllung der das Geldsystem betreffenden Abmachung des Zollvereinsvertrags nicht ernst war. So enthielten mehrere 1842 durch den Anschluß an den Zollverein veranlaßte luxemburgische Gesetze und

---

[1] Da Frankreich zu diesem Zeitpunkt (1842) und bis zum Jahre 1850 in Wirklichkeit keine Doppel-, sondern nur eine Silberwährung besaß — das Gold erzielte ein bedeutendes Agio, das 1847 bis auf 20 %o stieg — kommt nur die Münzparität zwischen dem Taler und dem Silberfranken in Betracht.

Nach Art. 1 und 2 der Dresdner Münzkonvention wurden aus der Mark Feinsilber im Gewicht von 233,855 g 14 Taler und in Frankreich aus dem Kilo Feinsilber 222,222 Fr. geprägt. Daraus ergab sich die Münzparität

$$\begin{aligned} x \text{ Fr.} &= 1 \text{ Taler,} \\ 14 \text{ Taler} &= 233{,}855 \text{ g,} \\ 1000 \text{ g} &= 222{,}222 \text{ Fr.} \\ \hline 3{.}712 \text{ Fr.} &= 1 \text{ Taler.} \end{aligned}$$

Beschlüsse über die inländischen Verbrauchsabgaben auf Wein, Bier und Alkohol die Steueransätze in holländischen Gulden.

Diese Münzpolitik Luxemburgs mag nicht ohne Widerspruch seitens Preußens geblieben sein, und es dürften wohl dessen Beschwerden die großherzogliche Regierung zu folgenden zwei Bekanntmachungen veranlaßt haben.

1. Bekanntmachung vom 5. Mai 1843.

„Es wird dem Publikum zur Kenntnis gebracht, daß S. M. der König-Großherzog beschlossen hat[1], daß der preußische Taler und seine Untereinteilungen nach dem Fuße von 8 Silbergroschen den Franken und der Taler für 3,75 Fr. von allen öffentlichen Kassen des Großherzogtums anzunehmen und auszugeben ist".

2. Bekanntmachung vom 20. Januar 1844.

„Unterm 14. d. M. hat S. M. der König-Großherzog beschlossen[2], daß die (in der obigen Bekanntmachung vom 5. Mai 1843 enthaltnen) Bestimmungen des königlich-großherzoglichen Beschlusses vom 22. April 1843, betreffend den auf 3,75 Fr. festgesetzten Wert des Talers im Großherzogtum, nicht nur auf den preußischen Taler und seine Untereinteilungen, sondern auch auf diejenigen der Vereinsstaaten anzuwenden sind, welche den 14 Talerfuß angenommen haben."

Mit diesen beiden Beschlüssen hatte Luxemburg aber noch lange nicht den 14 Talerfuß als Landesmünzfuß, wie es der Zollvereinsvertrag vorschrieb, angenommen, ja noch nicht einmal die Taler als gesetzliches Zahlungsmittel anerkannt, sondern ihnen bloß einen Kassakurs im Verkehr mit den öffentlichen Kassen verliehn.

Immerhin lag in der Tarifierung des Talers ein bedeutender Schritt zum Übergang von der Franken- zur Talerwährung, insofern dem Taler dadurch ein Tor geöffnet wurde, durch welches er allmählich, in dem Maße als die deutsch-luxemburgischen Handelsbeziehungen intensiver wurden, in den Geldverkehr Luxemburgs eindringen konnte; auch wurde das Vordringen des Talers gemäß dem

---

[1] Der Beschluß selbst, der vom 22. April datiert war, ist im Mémorial législatif et administratif nicht enthalten; letzteres enthält nur die obige Bekanntmachung.

[2] Auch dieser Beschluß vom 14. Januar wurde im Mémorial législatif et administratif nicht abgedruckt; an dessen Stelle steht die obige Bekanntmachung.

Satze, daß eine zu hoch tarifierte Münze das beßre Geld verdrängt[1], durch seine zu hohe gesetzliche Bewertung mit $3^3/_4$ Fr. wesentlich gefördert, und der Silberfranken entsprechend verdrängt. So entstand bald aus dem ursprünglichen bloßen Kaffakurs des Talers im Verkehr mit den Staatskassen eine Art Toleranzkurs für die Taler im gesamten Zahlungsverkehr; sie wurden überall zum Kurse von 3,75 Fr. gegeben und angenommen und genossen schließlich zwar keine gesetzliche, wohl aber eine tatsächliche Zahlungskraft im gesamten Geldverkehr Luxemburgs.

8. Der Austritt Luxemburgs aus der Dresdener Münzkonvention (1847).

Nach dem Erlaß der das Münzwesen betreffenden Beschlüsse von 1842, 1843 und 1844 konnte sich Luxemburg der Erkenntnis nicht verschließen, daß es die dem Zollverein gegenüber eingegangnen Verpflichtungen nur teilweise erfüllt hatte. Da es aber in der Anpassung seines Münzsystems an das der deutschen Münzvereinsstaaten nicht weiter gehen wollte, so benutzte es die erste Gelegenheit, um die übernommnen Pflichten im Einverständnis mit dem Zollverein abzuschütteln. Die Gelegenheit dazu bot die Erneuerung des Ende März 1846 abgelaufnen ersten deutsch-luxemburgischen Zollvereinsvertrags von 1842. Der zweite deutsch-luxemburgische Zollvereinsvertrag vom 2. April 1847, der bis zum 31. Dezember 1853 gelten sollte, sprach sich im Art. 2 über das Münzwesen folgendermaßen aus: „In Berücksichtigung der Schwierigkeiten, mit welchen die Einführung eines neuen Münz-, Maß- und Gewichtssystems verbunden ist, erklären sich die Staaten des Zollvereins damit einverstanden, daß, der im Art. 11 des Vertrags vom 8. Februar 1842 getroffnen Verabredung ungeachtet, das im Großherzogtum Luxemburg eingeführte Dezimalsystem, sowie der französische Münzfuß für die Dauer des gegenwärtigen Vertrags beibehalten werden."

Bemerkenswert ist, daß in diesem Vertrag von der holländischen Guldenwährung, die in Luxemburg ja rechtlich noch immer die gesetzliche Zahlungskraft besaß — der holländische Gulden war sogar kraft Gesetzes noch immer die den Behörden vorgeschriebne Rechnungseinheit —, keine Rede war. Damit wurde stillschweigend anerkannt,

---

[1] Das sogenannte Greshamsche Gesetz: Das schlechte Geld verjagt das gute.

daß die bezüglichen gesetzlichen Bestimmungen obsolet geworden waren.

Das im Zollvereinsvertrag von 1847 enthaltne besondre Zugeständnis wurde in den spätern Zollvereinsverträgen aufrecht erhalten[1]. So trat also Luxemburg bereits nach fünf Jahren (1842 bis 1847) aus dem deutschen Münzbunde definitiv aus.

Obgleich Luxemburg damit von der Verpflichtung, zur Talerwährung überzugehen, entbunden war, wurden die Beschlüsse von 1842, 1843 und 1844, welche diesen Übergang eingeleitet hatten, in der Folgezeit nicht widerrufen.

Die Lage des luxemburger Geldwesens war im Jahre 1847, d. h. am Vorabend der kalifornischen und australischen Goldfunde, die einen Umschwung auf dem Edelmetallmarkt und damit in den Geldverhältnissen Frankreichs, Belgiens und Hollands herbeiführten, zusammenfassend folgende:

A. Rechnungseinheit war kraft Gesetzes der holländische Gulden, aber nur im Verkehr mit den öffentlichen Behörden; im privaten Verkehr galt der Franken fast ausschließlich als Rechnungseinheit.

B. Zahlungsmittel:

1. Die Landesmünzen der österreichischen Niederlande waren im Laufe der letzten Jahrzehnte aus dem Geldverkehr zurückgezogen worden.

2. Die niederländischen Gulden genossen formell noch gesetzliche Zahlungskraft, sie waren aber aus dem Geldumlauf ver-

---

[1] Der 3. deutsch-luxemburgische Zollvereinsvertrag wurde am 26.–31. Dezember 1853 mit Geltung bis zum 31. Dezember 1865 abgeschlossen.

Der 4. Zollvereinsvertrag vom 20.–25. Oktober 1865, der den Beitritt Luxemburgs auf 12 weitere Jahre verlängerte, sollte auch über diese Zeit hinaus stillschweigend gelten, bis er gekündigt würde. Der Vertrag gilt daher noch heute, wurde aber durch einen Eisenbahnvertrag vom 11. November 1902 zwischen Luxemburg und dem Deutschen Reiche ergänzt, der die Verpachtung eines Teils des luxemburgischen Eisenbahnnetzes (der sogenannten Wilhelm-Luxemburg-Bahn) an die Reichseisenbahnen in Elsaß-Lothringen bis zum 31. Dezember 1959 regelte, mit der Klausel, daß beide vertragschließende Teile von dem ihnen zustehenden Recht der Kündigung des Zollvereinsvertrags von 1865 nicht derart Gebrauch machen dürften, daß dieser Zollvereinsvertrag während der Dauer des Eisenbahnvertrags von 1902 außer Kraft trete. Damit wurde das Verbleiben Luxemburgs im Zollverein bis 1960 sichergestellt.

schwunden. Nur noch einmal hatte sich die Luxemburger Regierung mit diesen Münzen zu befassen.

Die Veranlassung dazu bot der 1847 beschlossne und 1850 vollzogne Übergang Hollands von der Doppel= zur Silberwährung, wobei die Goldgulden zu Handelsmünzen erklärt wurden. Eine Bekanntmachung der luxemburgischen Regierung vom 20. Juni 1850 lautete[1]:

„Der Nederlandsche Staatscourant verfügte am 10. Juni 1850: „„Vom 23. Juni 1850 an hören die 5 und 10 Gulden=Goldmünzen auf, als gesetzliches Zahlungsmittel zu gelten; sie bleiben aber als Handelsmünze im Umlauf . . . . ."" Die belgische Regierung hat ebenfalls Maßnahmen getroffen, um die Toleranz, nach welcher die 10 und 5 Guldenstücke in Belgien umliefen, aufzuheben. Die großherzogliche Verwaltung hält es einstweilen nicht für bringlich, ähnliche Maßnahmen zu treffen in Anbetracht der geringen Bedeutung, welche dieselben für das Großherzogtum zu haben scheinen. Es dürfte genügen, die Einwohner von der Entwertung, welche die betreffenden Münzen in den Nachbarstaaten erlitten haben, in Kenntnis zu setzen, um ihre Interessen zu wahren."

Erst durch Beschluß vom 26. Januar 1860 wurde den Goldgulden die gesetzliche Zahlungskraft in Luxemburg ausdrücklich entzogen.

3. Die Franken waren gesetzliches Zahlungsmittel; doch liefen in Wirklichkeit nur französische und belgische Silberfranken in Luxemburg um.

4. Die Münzen der Talerwährung besaßen kraft Gesetzes nur einen Kassakurs für die öffentlichen Kassen; tatsächlich galten sie aber, der Verkehrssitte entsprechend, immer mehr als gesetzliches Zahlungsmittel; viele Zahlungsverpflichtungen wurden, obgleich in Franken stipuliert, durch die Übergabe von Münzen der Talerwährung erfüllt, wobei die Umrechnung zum Kurse von Fr. 3,75 den Taler erfolgte.

9. Das Münzgesetz von 1848 und die Entstehung des „luxemburger Franken" als Rechnungsgeld.

Am 20. Dezember 1848 erließ Luxemburg ein Münzgesetz, welches im Grunde genommen nur das bestätigte, was schon lange im privaten Zahlungsverkehr üblich war, und eine längst als

---

[1] Mémorial législatif et administratif du G. D. de L., 1850, Nr. 69, S. 653 ff.

lästig empfundene Vorschrift für die öffentlichen Behörden aus der Zeit der holländischen Herrschaft beseitigte, indem es den Franken als gesetzliche Rechnungseinheit an die Stelle des niederländischen Guldens setzte.

Das Gesetz lautete:

„Art. 1. Alle Verträge, Verordnungen und Erlasse, welche vor dem 1. Januar 1849 datiert sind und in niederländischen Gulden festgesetzte Obligationen enthalten, sind nach dem Fuße von 47 1/4 Hundertstel des niederländischen Guldens für den Franken auszuführen.

Art. 2. Vom 1. Januar 1849 an sind in allen öffentlichen und Verwaltungsurkunden die Beträge in Franken und Centimes auszudrücken . . . . .

Art. 3. Die die Verwaltung des Zollvereins im Großherzogtum Luxemburg betreffenden Gesetze und Verfügungen werden durch die vorhergehenden Bestimmungen nicht berührt."

Zu den einzelnen Bestimmungen dieses Gesetzes ist folgendes zu bemerken:

Prinzip und Grundgedanke enthielt Art. 2: Gesetzliche Rechnungseinheit ist in der Zukunft nicht mehr der Gulden, sondern der Franken. Diese Bestimmung hatte aber nur einen öffentlich-rechtlichen Charakter, d. h. sie galt nur für die öffentlichen Behörden und die öffentlichen Kassen. Im privaten Verkehr durften nach wie vor Zahlungen in irgendeiner Geldart vereinbart werden.

Art. 1 enthielt eine Übergangsbestimmung. Die hier gebrauchte Fassung, „sind nach dem Fuße von 47 1/4 Cents für den Franken auszuführen", bedeutete nicht, daß die in Gulden stipulierten Obligationen in Effektivfranken zu leisten, sondern bloß in Franken umzurechnen seien.

Die in Ausführung des Zollvereinsvertrags von 1842 in den Jahren 1842, 1843 und 1844 erlassnen Beschlüsse, welche dem Taler einen Kassakurs verliehen hatten, wurden ausdrücklich im Art. 3 aufrechterhalten.

Das Gesetz von 1848 bezweckte also lediglich die Annahme des Franken als Rechnungseinheit der Behörden an Stelle des niederländischen Guldens. Mehr enthielt das Gesetz nicht, obgleich es in Verbindung mit den großherzoglichen Beschlüssen von 1842, 1843 und 1844, welche den Taler betrafen, das luxemburger Geldwesen tatsächlich auf eine neue Basis stellte. Das Gesetz von 1848 wurde aber irrtümlicher Weise vielfach als das Grundgesetz der luxemburger Währung aufgefaßt, als dasjenige, welches den „luxemburger Franken" geschaffen hat. So beginnen z. B. einige im Dezember 1848 und Januar 1849 erlassene Ausführungsbestimmungen zu diesem Gesetze mit der durchaus unzutreffenden Motivierung: „In der Absicht (die betreffende Materie) in einer, dem neuen, im Großherzogtum Luxemburg angenommenen Münzsystem (système monétaire) entsprechenden Weise zu regeln, verordnen Wir usw." Von einem neuen Münzsystem war im Gesetz von 1848 aber nirgends die Rede, nur eine neue Rechnungseinheit war eingeführt worden. Das neue Münzsystem, welches nach 1848 in Luxemburg tatsächlich entstand, verdankte seine Entstehung nicht nur dem Münzgesetz von 1848, sondern auch noch den Beschlüssen von 1842, 1843 und 1844. „Im Jahre 1848," sagte der Finanzdirektor im Laufe einer parlamentarischen Debatte des Jahres 1850 in der Abgeordnetenkammer, „haben wir ein Münzgesetz eingebracht, welches jedoch nur bestimmte, daß die Beträge in den öffentlichen Urkunden in Franken anzugeben seien. **Dieses Gesetz hat die bis dahin bestehenden Gesetze nicht aufgehoben; es hat die (Münz-) Gesetze von 1816[1] und 1832 bestehen lassen."**

Das Münzgesetz von 1848 hatte den Franken zur Rechnungswährung proklamiert, dagegen die Frage, wie diese Rechnungseinheit beschaffen sei, und in welchem Verkehrsgeld die in der Rechnungswährung ausgedrückten Zahlungen zu leisten seien, offen gelassen. Es mag dem luxemburger Gesetzgeber die Erwartung vorgeschwebt haben, daß die in Franken stipulierten Zahlungen auch in Münzen der französischen Frankenwährung geleistet würden. Diese Erwartung erfüllte sich aber nicht. Die Bedeutung der Münzbeschlüsse von 1842, 1843 und 1844, die dem Taler Zugang in Luxemburg verschafft und ihm durch eine zu hohe Tarifierung dem Silberfranken gegenüber die Herrschaft im Geldumlauf gesichert hatten, liegt eben darin, daß sie die Frage, die das Gesetz von 1848 offen gelassen hatte, in dem Sinne lösten, **daß der luxemburger Franken**

---

[1] Dieses formell noch immer zu Recht bestehende niederländische Münzgesetz war aber inzwischen veraltet: 1. Weil der Gulden keine gesetzliche Rechnungseinheit mehr war; 2. weil der Gulden auch nicht mehr im privaten Verkehr als Rechnungseinheit galt; 3. weil die Münzen der Guldenwährung aus dem Geldumlauf verschwunden waren; 4. endlich infolge des 1847 beschlossenen Übergangs Hollands zur Silberwährung.

als Rechnungseinheit seinen konkreten Ausdruck im Zahlungsverkehr in den Münzen der Talerwährung nach der Wertrelation 1 Taler = 3,75 Fr. fand.

Der Vorgang war folgender: Das Münzgesetz von 1848 schuf als Rechnungseinheit einen Franken im Wert von 8 Silbergroschen[1], der vom französischen Franken, dessen Parität mit dem Taler rund 1 Fr. = $8^8/_{100}$ Sgr.[2] betrug, verschieden war; die zu hohe Bewertung des Talers mit $3^3/_4$ Fr. im luxemburger Zahlungsverkehr war seiner Verbreitung förderlich, denn die Schuldner hatten ein Interesse, in Talern, statt in Silberfranken zu zahlen, und sie taten es, sobald die Erfüllung der Zahlung in Effektivfranken nicht vereinbart worden war, da die Effektivfranken den Talern gegenüber ein Agio erzielten. Sobald nun diese Praxis allgemein geworden war, konnte der französische Silberfranken, der dem luxemburger Franken gegenüber höherwertig war, sich in Luxemburg nicht mehr behaupten: er mußte vor dem luxemburger Franken, d. h. vor dem Bruchteil des Talers, der diesen Namen trug, das Feld räumen. Auch in diesem Verdrängungsprozeß herrschte Wechselwirkung: der Rückgang der französischen Münzen im luxemburger Geldumlauf verhalf dem luxemburger Franken zur Entstehung, und die Entstehung dieser Rechnungseinheit beschleunigte die Verdrängung der Silbermünzen der Frankenwährung. Schließlich führte die allgemeine Verkehrssitte dazu, daß alle Zahlungen zwar in Franken ausgedrückt, aber in Talern zum Kurse von 3,75 Fr. erfüllt wurden, sofern nicht nachgewiesen werden konnte, daß die Parteien die Zahlung in Effektivfranken vereinbart hatten. Die Erfüllung der Zahlung in Talern galt nach der Verkehrssitte immer als stillschweigende Übereinkunft, und auch die Judikatur schloß sich alsbald dieser Auffassung an. „Es läßt sich nicht bestreiten", sagte der Generalstaatsanwalt 1849 vor der Abgeordnetenkammer aus, „daß alle Zahlungen im Lande mit Talern ausgeführt werden, d. h. daß der Taler den Wert des französischen Geldes darstellt, das im Vertrag vereinbart wird. „„Franken"" ist nur ein Name, den man dem Gelde beilegt . . . . Man kauft in Franken und zahlt in Talern zum Kurse von 3,75". Und doch war der Taler kein gesetzliches Zahlungsmittel; er war rechtlich bloß eine im Verkehr mit den Staatskassen tarifierte Münze. Die gesetzlichen Zahlungsmittel aber, Gulden und Franken, waren unsichtbar geworden, resp. sie zirkulierten mit einem Agio.

---

[1] 1 Taler oder 30 Silbergroschen = 3,75 Fr.,
daher 1 Fr. = 8 Silbergroschen.
[2] Vgl. 34 Anm. 1.

10. Die Periode von 1848—1871. Vorherrschaft des Talers. Bestrebungen zum Anschluß Luxemburgs an die lateinische Münzunion. Das Vordringen des französischen Goldes.

So war in Luxemburg eine besondre Rechnungseinheit, der „luxemburger Franken" entstanden, von der allerdings in der ganzen Münzgesetzgebung nirgends ausdrücklich die Rede war. Diese unbewußte Entwicklung des Münzwesens zeitigte mancherlei Kontroversen, welche den Wunsch aufkommen ließen, es möchten die veralteten Münzgesetze beseitigt und das Münzrecht mit den Verhältnissen der Gegenwart in Übereinstimmung gebracht werden. Besonders seit 1848 stand die Währungsfrage in Luxemburg auf der Tagesordnung, und mit großer Aufmerksamkeit verfolgte man die eben zu dieser Zeit durchgeführten Reformen im holländischen und belgischen Münzwesen. Mit Bezug auf die Reform wurden drei entgegengesetzte Standpunkte vertreten:

1. Viele sahen das Münzgesetz von 1848 als bloßes Stückwerk an und verlangten, trotz des Anschlusses Luxemburgs an den Zollverein und im Vertrauen auf die Zukunft des Franken als Weltmünzeinheit, den Ausschluß des niederländischen Guldens als gesetzliches Zahlungsmittel, die Zulassung des Talers bloß für Zollzahlungen und die ausschließliche Verleihung der gesetzlichen Zahlungskraft an die Münzen der Frankenwährung. Als nun gar 1865 die lateinische Münzunion entstand, und der Gedanke eines Weltmünzbundes auf der Grundlage der Frankenwährung alle Köpfe beschäftigte, da mehrten sich die Stimmen in Luxemburg, die den Anschluß des Landes an die lateinische Münzunion empfahlen, und zwar entweder indirekt in der Weise, daß Luxemburg, ohne eigne Münzen auf der Grundlage der Frankenwährung zu prägen und ohne der Union formell beizutreten, die Münzen derselben zum alleinigen Zahlungsmittel erheben würde, oder aber auf direkte Weise, indem es sich der Union durch einen völkerrechtlichen Vertrag anschließen und nationale Münzen in Übereinstimmung mit den Bestimmungen der Union prägen würde.

Es ist zweifellos, daß, obgleich der Zollvereinsvertrag von 1847 Luxemburg wieder völlige Freiheit in der Gestaltung seines Geldwesens eingeräumt hatte, eine solche Münzpolitik bei der geringen Voraussicht, daß die deutschen Zollvereinsstaaten jemals zur

Frankenwährung übergehen würden, mit dem weitern Verbleiben Luxemburgs im Zollverein auf die Dauer unvereinbar war.

2. Andre wollten die bestehende Verkehrssitte vom Gesetzgeber sanktioniert wissen: den Franken ließen sie als Rechnungseinheit gelten, im übrigen sollte der Taler als einziges gesetz= liches Zahlungsmittel anerkannt werden. Ein 1849 in der Abgeordnetenkammer gestellter bezüglicher Antrag, dem vor= läufig keine Folge gegeben worden war, kehrte 1850 in etwas ab= geschwächter Form in dem Gesetzentwurf einer parlamentarischen Kommission wieder, der aber ebenfalls abgelehnt wurde, und zwar mit der Begründung, daß die Annahme dieses Entwurfs den voll= ständigen Ausschluß der französischen und der belgischen Münzen aus dem Geldumlauf Luxemburgs zur Folge haben würde, was den Handelsbeziehungen Luxemburgs mit diesen Nachbarstaaten jedenfalls nicht förderlich wäre.

3. Endlich gab es auch Anhänger der Emanzipation Luxem= burgs von der Währungspolitik und den Zahlungsmitteln seiner Nachbarn. Luxemburg sollte das im Art. 39 seiner Verfassung vom 9. Juli 1848 enthaltne Souveränitätsrecht: „Der König=Großherzog hat das Recht, Münzen in Ausführung des Gesetzes zu prägen", zur Tatsache machen und nicht nur Scheidemünzen wie bisher, sondern auch nationale Kurantmünzen prägen. Als dieses Projekt 1850 in der Kammer zur Sprache kam, wurde von den Gegnern mit Recht betont, daß Luxemburg nicht damit ge= dient sei, nationale Münzen zu besitzen, wenn denselben nicht auch im Ausland mindestens ein Toleranzkurs eingeräumt werde; letztres sei aber nur möglich, wenn sich Luxemburg der Währung eines Nachbarstaats anschließe, was jedoch zu einer Zeit, in welcher eine große Unsicherheit in den Verhältnissen auf dem Edelmetallmarkt und in der Währungspolitik vieler Kulturstaaten herrsche — Belgien und Holland gingen eben zur Silberwährung über —, nicht ratsam sei. Der Antrag wurde daher abgelehnt.

Der Gedanke war aber noch nicht aufgegeben worden; er kehrte 1876 wieder. Ein Abgeordneter beantragte die Prägung von Silber= münzen nach dem Typus der Silbermünzen der lateinischen Münz= union in Stücken von 2, 1 und $^1/_2$ Franken, $^{835}/_{1000}$ fein, für einen Gesamtbetrag von 1 200 000 Franken[1]. Dieser Vorschlag betraf

---

[1] D. h. 6 Fr. pro Kopf der Bevölkerung, wie in der latein. Münzunion.

eigentlich nur die Prägung von silbernen Scheidemünzen, da Goldmünzen und silberne 5 Frankenstücke mit $^{900}/_{1000}$ Feinheit nicht vorgesehn waren. Die Annahme dieses Antrags hätte in der Absicht seines Urhebers zunächst der Staatskasse einen nicht unerheblichen Gewinn bei der Prägung der Silberscheidemünzen zugeführt; außerdem wäre Luxemburg der lateinischen Münzunion indirekt beigetreten; es hätte alle Vorteile dieses Anschlusses genießen können, ohne deren Nachteile tragen zu müssen. Diese Beweisführung beruhte aber ganz auf der Annahme, daß die Staaten der lateinischen Münzunion die luxemburger Silberscheidemünzen, wenigstens stillschweigend, in ihrem Geldumlauf geduldet hätten, ähnlich wie Frankreich die luxemburger Kupferscheidemünzen, die den französischen sehr ähnlich waren, seit 1852 geduldet hatte. Ein solcher Optimismus war aber nicht gerechtfertigt; es stand vielmehr zu erwarten, daß die lateinische Münzunion, selbst wenn sie den formellen Anschluß Luxemburgs nicht fordern sollte, die Zulassung der luxemburger Silberscheidemünzen in ihren Geldumlauf von der Erfüllung folgender Bedingungen seitens Luxemburgs abhängig machen würde:

1. Beschränkung der gesetzlichen Zahlungskraft der Silberscheidemünzen in Luxemburg auf 50 Fr.

2. Beschränkung der Prägung auf 6 Fr. pro Kopf der Bevölkrung.

3. Umtausch der Silberscheidemünzen gegen vollwertige Kurantmünzen zu jeder Zeit und ohne Einschränkung; infolgedessen

4. Prägung von Kurantmünzen, mindestens von silbernen 5 Frankenstücken.

Wollte Luxemburg diesen Bedingungen entsprechen, so war es einfacher, der lateinischen Münzunion beizutreten; wenn nicht, so war das Gebiet der lateinischen Münzunion für die luxemburger Silberscheidemünzen gesperrt. Was hatte dann die Prägung von Landesmünzen für einen Zweck, wenn sie zu Zahlungen an das Ausland nicht verwendet werden durften?

Der Antrag erfuhr daher nach kurzer Debatte das Schicksal, das er verdiente.

Die Annahme dieses Antrags hätte überdies eigentümliche Konsequenzen zur Folge gehabt, falls die luxemburgischen Silbermünzen in den Staaten der lateinischen Münzunion nicht zugelassen worden wären. Wir sahen, daß die gesetzliche Bewertung des Talers mit $3^8/_4$ Franken den französischen Silbermünzen in Luxemburg ein Agio verliehen hatte. Dieses Aufgeld erzielten auch die in

Luxemburg umlaufenden französischen Silberscheidemünzen, weil sie jederzeit gegen vollwertige Kurantmünzen (Goldstücke und silberne 5 Frankentaler) umgetauscht werden konnten. Die luxemburger Silberscheidemünzen hingegen hätten, sobald sie nur im Inland umlaufen durften, kein solches Agio erzielt, selbst wenn sie den französischen Silberscheidemünzen ähnlich gewesen wären, weil sie nicht gegen vollwertige Kurantmünzen umgetauscht werden konnten. Für die luxemburger Silberscheidemünzen hätte also die Parität 1 Taler = 3 3/4 Franken voll und ganz gegolten; der luxemburger Franken als Rechnungsgeld hätte nunmehr seine konkrete Darstellung in den luxemburger Silberscheidemünzen gefunden; die luxemburger Frankenwährung wäre keine bloße Rechnungswährung, sondern eine vollständige Währung gewesen. Die den französischen Silberscheidemünzen ähnlich geprägten luxemburger Silberscheidemünzen wären diesen gegenüber unterwertig gewesen, und die französischen Silberscheidemünzen hätten den luxemburger Silberscheidemünzen gegenüber genau das gleiche Agio erzielt, wie der Franken der lateinischen Münzunion gegenüber dem luxemburger Franken.

Während die Geldreformbestrebungen in Luxemburg ohne Ergebnis verliefen, hatte inzwischen in den Verhältnissen des Edelmetallmarkts ein vollständiger Umschwung stattgefunden, der wie in allen Kulturstaaten, so auch in Luxemburg unerwartete Erscheinungen in der Zusammensetzung des Geldumlaufs zeitigte.

In Frankreich herrschte bekanntlich seit 1803 gesetzlich die Doppelwährung mit dem Wertverhältnis 1 : 15,5. Da aber während der ersten Hälfte des 19. Jahrhunderts das Wertverhältnis zwischen Gold und Silber auf dem Edelmetallmarkt dauernd 1 : mehr als 15 1/2 betrug, hatte Frankreich in seinem Geldumlauf bis 1850 nur Silber gehabt. Aus diesem Grunde konnten wir bei der Untersuchung der bezüglichen Positionen der Franken- und der Talerwährung in Luxemburg die Goldfranken ganz außer Acht lassen und uns auf das Verhältnis des Talers zum Silberfranken beschränken.

1848 wurden die kalifornischen und 1851 die australischen Goldfelder entdeckt, welche das Verhältnis der Edelmetalle zu einander vollständig änderten. Von jetzt an und bis zum Jahre 1866 lautete das Wertverhältnis der beiden Edelmetalle auf dem Weltmarkt stets 1 : weniger als 15 1/2 [1]. Die Folge hiervon war, daß Frankreich, welches bis 1850 tatsächlich eine Silberwährung gehabt

---

[1] Vgl. oben S. 19, Anm. 3.

hatte, von nun an eine Goldwährung erhielt, indem das französische Silbergeld umgeschmolzen und exportiert wurde. Deshalb lief auch in Luxemburg kein französisches Silbergeld mehr um. Nachdem der Kampf zwischen dem Taler und dem Silberfranken zugunsten des Talers entschieden worden war, trat jetzt das französische Goldgeld dem Taler entgegen. Für die Entscheidung der Frage, welche dieser beiden Geldarten die andre aus dem Geldumlauf Luxemburgs nunmehr verdrängen würde, waren zwei Momente von Bedeutung:

1. Die in Luxemburg von Rechts wegen geltende Parität 1 Taler = $3^{3/4}$ Franken. In der Fassung 1 Taler = $3^{3/4}$ Silberfranken hatte diese Gleichung, wie wir sahen, den Silberfranken aus dem Geldumlauf verdrängt. Für die Frage, ob die jetzt tatsächlich geltende Parität 1 Taler = $3^{3/4}$ Goldfranken ebenfalls die Goldfranken aus Luxemburg verjagen würde, war das

2. Moment entscheidend, nämlich das jeweilige Wertverhältnis zwischen Gold und Silber im freien Verkehr. Dieses Wertverhältnis kam in den Pariser Silbernotierungen[1], oder genauer in der Höhe der Prämie für Barrensilber in Paris zum Ausdruck. Diese Prämie schwankte in den Jahren 1853—1867 zwischen 15 und 30 $^o/_{oo}$; sie stieg 1857 und 1864 sogar bis auf 35 $^o/_{oo}$, d. h. bis auf $3^{1/2}\,^o/_o$.

Da in Luxemburg 1 Taler gesetzlich mit $3^{3/4}$ Goldfranken bewertet wurde, so waren 30 Taler 112,50 Goldfranken wert, und da ferner aus einem Pfund Feinsilber 30 Taler geprägt wurden, so war in Luxemburg das gesetzliche Wertverhältnis zwischen Gold (=Franken) und Silber(=Taler)

1 Pfund Feinsilber = 112,50 Goldfranken.

Auf dem Weltmarkt war das Verhältnis aber ein andres. Wenn Paris das Barrensilber mit 30 $^o/_{oo}$ Prämie notierte, so wurde ein Pfund Feinsilber dort mit 113,30 Goldfranken bewertet[1].

Da also das Silber auf dem Weltmarkt in diesem Falle dem Golde gegenüber teurer war, als es Luxemburg in seiner gesetzlichen

---

[1] Ausgangspunkt der Pariser Notierungen für Barrensilber war damals der Grundpreis von 220 Fr. pro Kilo Feinsilber. Die Prämie, welche das Silber auf dem freien Markt erzielte, wurde in Promille dieses Grundpreises ausgedrückt. Wenn z. B. die Notierung in Paris für Barrensilber im Jahre 1864 „30 $^o/_{oo}$ Prämie" lautete, so betrug der Feinsilberpreis

220,00 Fr.,
+ 30 $^o/_{oo}$ 6,60 =
―――――――――――
226,60 Fr. pro Kilogramm.

Parität, 1 Taler = 3³/₄ Frs. annahm, so war die unausbleibliche Folge die, daß das Gold in Luxemburg ein schlechtres, das Silber aber ein beßres Geld wurde, und infolgedessen die Taler, d. h. das beßre Geld, nach dem Greshamschen Gesetz durch das schlechtere Geld, die Goldfranken, verjagt wurden. Damit diese Erscheinung aber in Luxemburg zu Tage treten konnte, mußte die Silberprämie in Paris eine solche Höhe erreichen, daß dann der Pariser Silberpreis höher war, als der von Luxemburg gesetzlich in der Wertgleichung 1 Taler = 3³/₄ Fr. angenommne Preis von Fr. 112,50 das Pfund Feinsilber. Das war der Fall, wenn die Silberprämie in Paris mehr als 25 %₀ betrug. Eine Prämie von 25 %₀ entsprach nämlich einem Silberpreis von 112,75 das Pfund Feinsilber.

Diese der bisherigen Entwicklungstendenz des luxemburger Geldwesens — einer fortschreitenden Akklimatifierung des Talers — entgegengesetzte Erscheinung trat tatsächlich in den 50 er und 60 er Jahren in Luxemburg mehrmals deutlich hervor. Das Vordringen des französischen Goldes und der entsprechende Rückgang im Talerumlauf hielten sich aber innerhalb der in der Natur der Dinge liegenden Grenzen, da der Zahlungsverkehr die einzige Silbermünze, den Taler, doch nicht ganz entbehren konnte — ein Ersatz für die Taler etwa durch französisches Silbergeld war gar nicht denkbar, litt doch Frankreich selbst unter einem empfindlichen Mangel an Silbermünzen. Das zeitweilige Vordringen des französischen Goldes in Luxemburg bei hohen Silberpreisen auf dem Weltmarkt bewirkte, daß dann die Taler in Luxemburg ein Aufgeld erzielten: also genau das Gegenteil des bisherigen und auch des heutigen Zustandes, in welchem ebenfalls unter der Herrschaft der Parität 1 Taler = 3³/₄ Frs., das französische Geld dem deutschen gegenüber ein Agio erzielt.

Das Vordringen des französischen Goldes beschränkte sich damals übrigens nicht auf Luxemburg; auch in den süd- und westdeutschen Staaten liefen bedeutende Mengen französischer Goldmünzen um.

11. Der Übergang von der Taler- zur Markwährung in Luxemburg (1876).

„Mit Ausnahme der Landeskupfermünzen und einer geringen Menge belgischer Nickelmünzen und französischer Kupfermünzen, lief im Lande nur deutsches Geld um", hieß es in einem Gutachten des Staatsrats des Großherzogtums Luxemburg vom 1. Dezember 1876. Die Ironie des Schicksals hatte es also dazu gebracht, daß, nachdem Luxemburg bei der zweiten Erneuerung des Zollvereinsvertrags im

Jahre 1847 von der 1842 übernommnen Verpflichtung, die Taler=
währung als Landeswährung einzuführen, in Anbetracht der großen
Schwierigkeiten, die mit dieser Einführung verbunden seien, entbunden
worden war, es sich grade in den folgenden Jahren, wenn nicht
formell, so doch tatsächlich der deutschen Währung anschloß, das
Schicksal der deutschen Währungspolitik teilte und schließlich auch an
der deutschen Geldreform der siebziger Jahre teilnahm, indem es gleich
dem Deutschen Reiche den Übergang von der Taler= zur Markwährung
bewerkstelligte. Die deutsche Währungspolitik seit der Dresdner Münz=
konvention von 1838 bis zur Geldreform von 1871 und 1873, die auch
Luxemburg betraf, sei daher in diesem Zusammenhang flüchtig berührt

Nach der Gründung des Zollvereins war Österreich bestrebt ge=
wesen, sich diesem Verein anzuschließen, um an Stelle Preußens
dessen Führung zu übernehmen. Eine Vorbedingung seines Ein=
tritts in den Zollverein war die Beseitigung der Währungs=
verschiedenheit. Während nämlich die deutschen Staaten durchgehends
die Silberwährung besaßen, hatte Österreich das Elend der Papier=
währung mit dem Silberagio kennen gelernt. 1848 begannen die
kalifornischen Goldfunde, und so beschloß Österreich seine Geld=
verhältnisse auf der Grundlage der Goldwährung zu sanieren; es
schlug daher in den 1854 mit dem Zollverein über die Münzeinigung
gepflognen Unterhandlungen die Goldwährung als Basis des zu
gründenden deutschen Münzvereins vor, was die Zollvereinsstaaten
jedoch ablehnten. Schließlich kam doch der **Wiener Münzvertrag
von 1857** zu stande, der einen Münzverein schuf, dem auch Österreich,
ohne sich jedoch dem Zollverein anzuschließen, beitrat. Die Münz=
verfassung des Vereins beruhte grundsätzlich auf der Silberwährung,
schuf aber eine gemeinsame Handelsgoldmünze, die Krone, die jedoch
nie zu nennenswerter Bedeutung gelangte. Die beiden Silber=
währungen, Taler und süddeutsche Gulden, blieben unverändert be=
stehn (eine kleine Änderung betraf nur den Ersatz der bisherigen
Kölnischen Mark von 233,855 g als Münzpfund durch das Dezimal=
pfund von 500 g, wodurch aus dem 14 Talerfuß ein 30 Talerfuß[1] und

---

[1] Der neue 30 Talerfuß deckte sich nicht ganz genau mit dem alten
14 Talerfuße. Unter der Herrschaft des 14 Talerfußes betrug die Parität zwi=
schen Taler und Silberfranken 1 Taler = 3,712 Frs. (Vgl. S. 34, Anm. 1.)
Nach dem neuen 30 Talerfuß betrug diese Parität, da aus einem Pfund Fein=
silber, welches laut französischem Münzgesetz mit 111,11 Fr. bewertet wurde,
30 Taler geprägt wurden,

$$1 \text{ Taler} = \frac{111{,}11}{30} = 3{,}704 \text{ Fr.}$$

aus dem 24 1/2 Guldenfuß ein 52 1/2 Guldenfuß wurde); dazu kam noch als dritte Silberwährung der österreichische 45 Guldenfuß. Ein österreichischer Gulden war also ²/₃ Taler wert. Wie bei der Dresdner Münzkonvention, so war diesmal kein Staat verpflichtet, die Münzen der andern Vereinsstaaten in seinem Geldumlauf zuzulassen. Außer dem Vereinsdoppeltaler von 1838 wurde auch ein Vereinstaler mit gesetzlicher Zahlungskraft in allen Vereinsstaaten geschaffen. Das Ergebnis des Wiener Münzvertrags von 1857 war „drei verschiedne scharf abgegrenzte Münzgebiete mit verschiednen Münzsystemen[1], darüber ein durchaus gemeinschaftlicher Umlauf einer bestimmten stark privilegierten Münzsorte[2], welche gleichzeitig die Hauptmünze des wichtigsten der 3 partikularen Münzsysteme war[3]."

Im Jahre 1867 schied Österreich, dem es nicht gelungen war, die Papierwährung abzuschaffen, aus dem Deutschen Münzverein aus, welcher jetzt wieder nur die Zollvereinsstaaten umfaßte.

Erst nach der Gründung des Deutschen Reiches war es möglich, die schon längst als nötig anerkannte **Münzvereinheitlichung** und zugleich die **Währungsreform** durch den Übergang von der Silber- zur Goldwährung durchzuführen. Beides geschah durch das **Reichsgesetz vom 4. Dezember 1871**, welches die Taler- durch die Markwährung ersetzte und durch das **Reichsgesetz vom 9. Juli 1873**, welches den Übergang zur Goldwährung im Prinzip beschloß. Das Gold sollte nach dem Verhältnis von 1 : 15 1/2 an die Stelle des Silbers treten, d. h. man ersetzte die bisherige Geldeinheit, den Taler im Gehalt von ¹/₃₀ Pfund Feinsilber, durch drei Mark, jede im Gehalt von $\frac{1}{(30 \times 15,5) \times 3} = \frac{1}{1395}$ Pfund Feingold. Aus einem Pfund Feingold sollten 139 1/2 Kronen geprägt werden; der zehnte Teil dieser Münze hieß Mark und wurde in 100 Pfennige geteilt. Damit war die Goldwährung in Deutschland prinzipiell eingeführt.

Ein Reichsgesetz vom 6. Januar 1876 gab dem Bundesrat die Befugnis, die noch umlaufenden und als unbeschränktes gesetzliches Zahlungsmittel geltenden Talerstücke durch Beschränkung ihrer gesetz-

---

[1] Norddeutschland, Süddeutschland und Österreich mit der Taler-, süddeutschen Gulden- und österreichischen Guldenwährung.

[2] Vereinsdoppel- und Vereinseintaler, die der norddeutschen Talerwährung entsprachen.

[3] Helfferich.

lichen Zahlungskraft den übrigen Reichssilbermünzen gleichzustellen. Da der Bundesrat jedoch bis dahin von dieser Ermächtigung keinen Gebrauch gemacht hat, genießen außer den Goldmünzen noch die Taler unbeschränkte gesetzliche Zahlungskraft; solange dieser Zustand andauert, besitzt Deutschland die sogenannte „hinkende Goldwährung".

In dem Augenblick, als Deutschland seine Geldreform durchführte, war auch Luxemburg, welches ja die deutschen Münzen als Zahlungsmittel benutzte, genötigt, den Übergang von der Taler- zur Markwährung vorzunehmen. Den Antrieb zu einer Reform der Luxemburger, den Taler betreffenden Gesetzgebung in dem Sinne der deutschen Münzgesetze von 1871 und 1873 bot insbesondere die bereits erwähnte, dem Bundesrat erteilte Befugnis, den Taler im geeigneten Augenblick aus einer Kurantmünze mit unbeschränkter Zahlungskraft in eine Münze mit beschränkter gesetzlicher Zahlungsfähigkeit zu verwandeln, eine Maßnahme, die in den ersten Jahren nach der deutschen Geldreform, als Deutschland große Silberverkäufe vornahm, allgemein als in der nächsten Zukunft bevorstehend angenommen wurde. Hätte der Bundesrat von dieser Befugnis Gebrauch gemacht, während Luxemburg eine ähnliche gesetzliche Maßnahme unterlassen hätte, so hätte dieses einen Abfluß der Taler nach Luxemburg, wo ihnen kraft Gesetzes zwar nur bei den öffentlichen Kassen, tatsächlich aber im gesamten Zahlungsverkehr unbeschränkte gesetzliche Zahlungskraft zuerkannt wurde, zur Folge gehabt. Luxemburg durfte mit einem Worte die Taler in der Zukunft nicht günstiger behandeln als Deutschland selbst.

Gewiß lag der Gedanke nahe, Luxemburg möchte diese Gelegenheit benutzen, um zugleich seine zum Teil veraltete Münzgesetzgebung zu reformieren, ein neues grundlegendes Münzgesetz zu erlassen. Dem ward aber nicht so, und die Reform kleidete sich in das bescheidene Gewand einer Erweiterung der die Zulassung des Talers betreffenden Beschlüsse aus den Jahren 1842, 1843 und 1844 auf die neuen Reichsgold- und Silbermünzen. Der großherzogliche Beschluß vom 2. Dezember 1876 lautete:

„Die Goldmünzen des Deutschen Reiches sind von den öffentlichen Kassen nach dem Fuße von Fr. 1,25 oder 10 Silbergroschen die Mark anzunehmen und auszugeben.

Die Silbermünzen des Deutschen Reiches sind ebenfalls nach demselben Fuße, aber nur bis zum Höchstbetrage von 20 Mark oder 25 Franken für jede

Zahlung, von den öffentlichen Kassen anzunehmen und auszugeben."

Dieser Beschluß, welcher die Beschlüsse von 1842, 1843 und 1844 erweiterte, war weit davon entfernt, ein münzrechtliches Novum zu enthalten. „Dieser Beschluß gibt der Mark ebensowenig einen Zwangskurs[1] als ähnliche Beschlüsse[2] dem Taler einen solchen verliehen haben," hieß es in einem Gutachten des Staatsrats.

Die Beschränkung der gesetzlichen Zahlungskraft der Silbermünzen des Deutschen Reiches auf 20 Mark (Absatz 2 des luxemburgischen Beschlusses von 1876) entsprach der Bestimmung des Artikel 9 des Reichsmünzgesetzes vom 9. Juli 1873: „Niemand ist verpflichtet, Reichssilbermünzen im Betrage von mehr als 20 Mark in Zahlung zu nehmen."

Die den Talern in Deutschland durch das bereits mehrfach erwähnte Reichsgesetz vom 6. Januar 1876, allerdings nur provisorisch, eingeräumte Ausnahmestellung als Kurantgeld besteht auch in Luxemburg kraft der immer noch geltenden Münzbeschlüsse von 1842, 1843 und 1844, welche die Zahlungskraft des Talers nicht beschränkten. Der zweite Absatz des Münzbeschlusses von 1876 darf nicht als eine Beschränkung der gesetzlichen Zahlungsfähigkeit des Talers aufgefaßt werden, da der Taler nicht zu den Reichssilbermünzen gehört. Reichssilbermünzen sind bekanntlich nur die 5, 2, 1 und $^1/_2$ Markstücke.

12. Die luxemburger Scheidemünzen.

Nachdem wir uns in den bisherigen Ausführungen ausschließlich mit den Gold- und Silberkurantmünzen befaßt haben, werfen wir noch einen kurzen Rückblick auf die Entwicklung der Scheidemünzen in Luxemburg.

Die Scheidemünzen haben im Großherzogtum Luxemburg naturgemäß im großen und ganzen dieselbe Geschichte wie die Kurantmünzen; immerhin weist die Entwicklung der Scheidemünzen insofern eine Eigentümlichkeit auf, als Luxemburg zwar die Scheidemünzen der Nachbarstaaten in seinem Geldverkehr benutzte, daneben aber zu jeder Zeit eigne Landesscheidemünzen prägte. Wir beschränken uns hier darauf, zu zeigen, auf welche Weise die eignen

---

[1] Sollte besser heißen „gesetzliche Zahlungskraft".
[2] Darunter sind die Münzbeschlüsse von 1842, 1843 und 1844 gemeint.

und fremden Scheidemünzen dem jeweilig geltenden Münzsystem angepaßt wurden.

Das niederländische Münzgesetz von 1816 hatte die aus der Zeit der österreichischen Herrschaft in den Niederlanden (Belgien und Luxemburg) stammenden Landesscheidemünzen prinzipiell durch neue, der Guldenwährung entsprechende Cent- und Halbcentstücke ersetzt. Die alten Landesscheidemünzen blieben aber noch einige Zeit in Umlauf, bis sie auf Grund der niederländischen Münzbeschlüsse vom 7. Juli 1826 und 13. Juli 1827 eingezogen wurden.

Das Königreich Belgien, dem Luxemburg von 1830—1839 angehörte, behielt gemäß Art. 22 des Münzgesetzes von 1832 die umlaufenden Scheidemünzen holländischer Währung provisorisch bei und ersetzte sie erst 1834 durch eigne, der Frankenwährung entsprechende Centimesstücke.

Nach der Trennung Luxemburgs von Belgien (1839) herrschte im Scheidemünzwesen Luxemburgs dieselbe Unklarheit, die wir an anderer Stelle bezüglich der Kurantmünzen feststellten. Während dieser Zeit liefen sowohl französische und belgische (Centimes), als auch holländische (Cents) und deutsche (Groschen) Scheidemünzen in Luxemburg um. Erst 1852 kam Luxemburg dazu, die Prägung eigner Scheidemünzen zu beschließen. Die Gründe, welche diesen Beschluß veranlaßten, waren einerseits der Wunsch, die Staatssouveränität durch die Ausübung des Münzregals zu bekunden und andrerseits, die finanziellen Vorteile, die sowohl bei der Prägung nicht vollwertiger Münzen als auch bei deren Außerkurssetzung entstehen, für die Staatskasse auszunutzen.

Da das Münzgesetz von 1848 den Franken als Rechnungseinheit bestimmt hatte, so war es klar, daß die Luxemburger Scheidemünzen in Centimes lauten mußten; auch wurden sie als Kupfermünzen so geprägt, daß sie den damals und noch heute in Frankreich umlaufenden Kupferscheidemünzen ähnlich waren — ein Umstand, der von großer Bedeutung war und höchst eigentümliche Erscheinungen zeitigte. Wenn wir nämlich die Centimes-Kupferscheidemünzen Luxemburgs mit den zu dieser Zeit in Luxemburg umlaufenden fremden Kurantmünzen in Verbindung bringen, so erhalten wir folgendes eigenartige Bild des Luxemburger Geldumlaufs.

Die auf luxemburger Franken lautenden Zahlungen konnten sowohl in Kurantmünzen der Talerwährung, als auch in luxemburger Scheidemünzen — deren gesetzliche Zahlungskraft allerdings auf

5 Franken beschränkt war[1] — geleistet werden: Die luxemburger Rechnungswährung hatte also die Münzen zweier verschiedner fremden Währungen zu einem Münzsystem vereinigt, da der luxemburger Franken als Rechnungseinheit seinen konkreten Ausdruck in 8 Silbergroschen der Talerwährung und in 100 Centimes der luxemburger Scheidemünze fand. Während aber der luxemburger Franken als Rechnungseinheit in der Gestalt von 8 Silbergroschen dem französischen Franken gegenüber minderwertig war, war er ihm in der Form von luxemburger Scheidemünzen, unter der Voraussetzung, daß Frankreich und Belgien den Umlauf dieser luxemburger Kupfermünzen auf ihrem Gebiet tolerieren würden — was auch tatsächlich geschah — gleichwertig. Mit andern Worten: 100 Centimes in luxemburger Scheidemünzen, die in Luxemburg einen Wert von 8 Silbergroschen besaßen, d. h. einen luxemburger Franken repräsentierten, wurden in Frankreich mit 100 Centimes französischer Währung, d. h. mit $8^{1}/_{10}$ Silbergroschen bewertet. Es stand daher zu erwarten, daß der Zahlungsverkehr zwischen Luxemburg einerseits, Frankreich und Belgien andrerseits diese Differenz in der Bewertung der luxemburger Scheidemünzen ausnutzen würde; denn wer luxemburger Scheidemünzen zu Zahlungs- oder zu andern Zwecken von Luxemburg nach Frankreich und Belgien exportierte, erzielte einen Gewinn. Diese Ausfuhr nahm einen bedeutenden Umfang an, da die luxemburger Scheidemünzen in diesen Ländern ohne Schwierigkeit umliefen; sie waren schließlich in großen Mengen in alle Teile Frankreichs und in die französischen Kolonien eingedrungen, ohne daß die französische Regierung bis vor kurzem Veranlassung genommen hätte, Maßnahmen zu treffen, um dieser Invasion entgegenzutreten.

Diese umfangreiche luxemburger Scheidemünzen-Drainage von Luxemburg nach Frankreich und Belgien liefert uns den Schlüssel zum Verständnis der Scheidemünz-Prägungspolitik Luxemburgs seit 1852. Obschon Luxemburg wiederholt umfangreiche Prägungen vornahm, gelang es ihm nicht, die nationalen Scheidemünzen im Inlande zu erhalten; der inländische Scheidemünzumlauf bestand meistens aus deutschen Münzen. Übrigens waren diese Prägungen, die einen erheblichen Gewinn abwarfen, der Staatskasse nicht unangenehm.

Das erste luxemburgische Scheidemünzgesetz vom 9. Januar 1852 hatte im Art. 1 die Prägung nationaler Scheidemünzen in Stücken

---

[1] Gesetz vom 30. November 1852: „Niemand ist gehalten, mehr als 5 Franken in Scheidemünzen an Zahlungsstatt anzunehmen."

von 10, 5 und 2½ Centimes für einen Gesamtbetrag von 150 000 Fr. beschlossen. Dieses Maximum wurde 1854 auf 250 000 Fr. erhöht. Art. 2 dieses Gesetzes setzte alle fremden Scheidemünzen vom 1. Januar 1853 an außer Kurs. Kaum waren die luxemburger Scheidemünzen geprägt, so begann schon die Drainage, und da der Verkehr die fremden Scheidemünzen unter diesen Umständen nicht entbehren konnte, so wurde diese Frist zunächst um ein Jahr verlängert (Gesetz vom 30. November 1852), bis schließlich darauf verzichtet wurde, die fremden Scheidemünzen überhaupt außer Kurs zu setzen (Gesetz vom 17. Dezember 1853).

Nach dieser ersten Prägung wurde schon 1859 eine zweite für einen Betrag von 100 000 Fr. angeordnet (Gesetz vom 9. Novbr. 1859). Eine dritte Prägung von Scheidemünzen für 100 000 Fr. folgte 1864 (Gesetz vom 18. November 1864) und kurz darauf eine vierte für 150 000 Fr. im Jahre 1869 (Gesetz vom 1. August 1869). Um das Jahr 1870 hatte Luxemburg bei einer Bevölkrung von rund 200 000 Seelen Scheidemünzen für einen Gesamtbetrag von 600 000 Fr., d. h. 3 Fr. Scheidemünzen pro Kopf der Bevölkrung geprägt. Obgleich diese Ziffer eine sehr hohe war — das deutsche Reichsmünzgesetz hat den Gesamtbetrag an Nickel- und Kupfermünzen auf 2½ M. pro Kopf der Bevölkerung festgesetzt, eine Grenze, die sich aber als eine zu weit gegriffne herausgestellt hat —, bestand der Scheidemünzenumlauf Luxemburgs doch zu ⅔ aus fremden Geldstücken. Es war klar, daß der größte Teil der Landesscheidemünzen nach Frankreich und Belgien ausgeführt worden war. Auch die Stücklung dieser 600 000 Fr. Scheidemünzen, nämlich

490 000 Fr. oder 81½ % in 10 Centimes-Stücken
  89 000 =   =   15 % =   5   =
  21 000 =   =   3½ % =   2½   =

mit dem starken Prozentsatz an 10 Centimesstücken, die besonders zur Ausfuhr geeignet waren, läßt die Drainage deutlich erkennen.

1876 wurden wieder Klagen im Zahlungsverkehr über den Mangel an Scheidemünzen laut, und eine neue Emission wurde gefordert. Diesem Begehren wurde aber nicht entsprochen. „Eine neue Prägung von Kupfermünzen", erklärte der Bericht der Handelskammer, „würde den Mangel an Scheidemünzen, über den gegenwärtig geklagt wird, nur zeitweilig beseitigen; denn die Kupfermünzen werden heute für Warenbezüge aus Frankreich und Belgien in Zahlung gegeben, um das Agio auf dem französischen Gelde zu gewinnen."

1893 und 1896 trafen Belgien und Frankreich gesetzliche Maßnahmen, um die fremden Scheidemünzen aus ihrem Geldumlauf auszuschließen, die zur Folge hatten, daß auch die luxemburger Scheidemünzen in ihre Heimat zurückgeschickt wurden, wo sie den Geldumlauf förmlich überschwemmten. Zudem hatte sich Luxemburg bis dahin hauptsächlich der deutschen und belgischen Nickelmünzen bedient, so daß das Publikum den Überfluß an den unbequemen und schmutzigen Landeskupfermünzen doppelt unangenehm empfand. Um diesem Übelstand abzuhelfen, wurden durch Gesetz vom 29. Dezember 1900 die bis dahin geprägten 579 000 Fr. Kupfermünzen von 10 und 5 Centimes eingezogen und durch 500 000 Fr. Nickelmünzen von 10 und 5 Centimes ersetzt. Die umlaufenden 21 000 Fr. in Kupfermünzen von 2½ Centimes wurden beibehalten.

Der Typus, der für die neuen luxemburger Scheidemünzen gewählt wurde, war derjenige der schweizerischen Nickelmünzen; doch wurden im Gegensatz zur Schweiz keine Stücke von 20 Centimes geprägt, die leicht mit der Mark verwechselt werden können.

Ein Beschluß des deutschen Bundesrates vom 23. Januar 1902 hat die luxemburger Nickelscheidemünzen zum Umlauf in den preußischen und lothringischen Grenzbezirken zugelassen.

Endlich sei noch hervorgehoben, daß die deutschen Nickel- und Kupfermünzen, im Gegensatz zu den Reichsgold- und Silbermünzen, keine gesetzliche Zahlungskraft im Verkehr mit den luxemburger Staatskassen genießen (vgl. den luxemburger Münzbeschluß von 1876 S. 243).

III. Das Geldsystem Luxemburgs in der Gegenwart.

1. A. Das Rechnungsgeld: der luxemburger Franken.

Am Ende unsrer Darstellung der historischen Entwicklung des Geldwesens des Großherzogtums Luxemburg in Recht und Verkehr im Laufe des 19. Jahrhunderts angelangt, wollen wir noch bei der Gegenwart verweilen, um die charakteristischen Merkmale des luxemburger Geldsystems in seinem jetzigen Zustande zusammenzufassen und die praktischen Nutzanwendungen zu ziehen, die sich daraus für den Zahlungsverkehr Luxemburgs sowohl im Inlande, als auch mit dem Auslande ergeben.

Bemerkenswert und charakteristisch ist in erster Linie die Tatsache, daß die luxemburger Geldverfassung auf einer Rechnungswährung beruht, d. h. daß das Rechnungsgeld von dem Verkehrsgeld verschieden ist: Alle Zahlungen lauten auf Franken, d. h. auf „luxemburger Franken", werden aber mit deutschen Münzen geleistet.

Wir unterscheiden daher in der luxemburger Währung in der Gegenwart das Rechnungsgeld und das Verkehrsgeld, welch letztres im nächsten Abschnitt behandelt werden soll.

Gesetzliche Rechnungseinheit ist im Großherzogtum Luxemburg nach dem Münzgesetz von 1848 der „Franken" schlechthin. Dieser Franken ist aber, obgleich in dem Gesetz nicht näher umschrieben, ein Franken, der von der Einheit der französischen Frankenwährung verschieden ist, und den wir, da er seinesgleichen in keiner bekannten Währung findet, daher als „luxemburger Franken" bezeichnen, eine Benennung, die man allerdings in den luxemburger Münzgesetzen vergeblich suchen würde.

Der luxemburger Franken verdankt seine Entstehung nicht nur dem Münzgesetz von 1848, sondern vielleicht noch eher den nach dem Beitritt Luxemburgs zum Deutschen Zollverein und zur Dresdner Münzkonvention erlassenen Münzbeschlüssen von 1842, 1843 und 1844, welche den Taler als Zahlungsmittel an den öffentlichen Kassen zugelassen und hierfür mit 3,75 Fr., d. h. mit $3^{3}/_{4}$ des französischen Franken tarifiert hatten. Diese für die Umrechnungen bequeme Tarifierung wich aber von der Münzparität zwischen dem Taler und dem französischen Silberfranken bedeutend ab[1].

Die der Münzparität gegenüber zu hohe Bewertung des Talers in der gesetzlichen Tarifierung führte dem sogenannten Greshamschen Münzgesetz zufolge, wonach die zu hoch tarifierte Münze die zu niedrig tarifierte verdrängt, dazu, daß die Taler in der Zusammensetzung des luxemburger Geldumlaufs zu-, die Franken hingegen entsprechend abnahmen. Diese Münzpolitik sowie der wirtschaftliche Anschluß Luxemburgs an die Staaten der Talerwährung hatten schließlich zur Folge, daß der Taler unter allen in Luxemburg kursierenden Münzen eine hervorragende Stellung einnahm, und daß alle Zahlungen, obschon noch immer in Franken, d. h. in französischen Franken festgesetzt, bald ausnahmslos in Münzen der Talerwährung ausgeführt wurden, wobei der ursprünglich nur für den Verkehr mit den öffentlichen Kassen gesetzlich eingeführte Umrechnungssatz
1 Taler = 3,75 Franken
auch für den privaten Zahlungsverkehr galt und von der Recht-

---

[1] Vgl. S. 34 Anm. 1.

sprechung mangels ausdrücklicher Vereinbarung bei jedem Zahlungs= geschäft als stillschweigend angenommen anerkannt wurde.

Als nun das luxemburger Münzgesetz von 1848 den „Franken" ohne nähre Umschreibung seines Wertes zur gesetzlichen Rechnungs= einheit erhob, wurde derselbe mit der Münze, in welcher die Zahlungen durchgehends gemacht wurden, dem Taler, in Verbindung gebracht und der gesetzlichen Wertrelation 1 Taler = 3,75 Franken ent= sprechend mit 8 Silbergroschen bewertet. Damit hatte Luxemburg eine Währungseinheit geschaffen, die vom französischen Franken ver= schieden war. Die luxemburger Währung wurde dadurch an die deutsche Währung gebunden und blieb es auch noch, als das Deutsche Reich in der Geldreform den Dritteil des Talers, die Mark, als Rechnungseinheit einführte und von der Silber= zur Goldwährung überging. Der Übergang vollzog sich in Luxemburg auf eine sehr einfache Art und Weise: ein Münzbeschluß von 1876 ergänzte die bisherigen gesetzlichen Paritäten

1 Taler = 3,75 Franken
und 1 Franken = 8 Silbergroschen

durch die Wertrelationen[1]

1 Mark = 1,25 Franken
und 1 Franken = 80 Pfennig.

Damit hatte der luxemburger Franken offenbar nicht die geringste Ändrung erfahren, sondern nur, seine konkrete Form wechselnd, diejenige Gestalt angenommen, in welcher er uns in der Gegenwart entgegentritt.

Wir können das über den luxemburger Franken als Rechnungseinheit Luxemburgs Gesagte zusammen= fassen, indem wir ihn als eine vom französischen Franken verschiedne Rechnungseinheit definieren, deren Wert gesetzlich auf $^8/_{10}$ Reichsmark deutscher Währung, d. h. auf 80 Pfennig festgesetzt ist.

Sollte Luxemburg eines Tages dazu kommen, luxemburger Franken zu prägen, so würde der Münzfuß, der in Deutschland 1395 beträgt, in Luxemburg

$$\frac{1395 \times 10}{8} = 1743,75 \text{ betragen.}$$

Mit andern Worten: während Deutschland aus einem Pfund

---

[1] Münzparitäten zwischen der Mark und dem Franken der lateinischen Münzunion: 1 Mark = 1,23 Franken und 1 Franken = 81 Pfennig.

Feingold 1395 Mark prägt, würde Luxemburg aus dem gleichen Edelmetallgewicht 1743 8/4 luxemburger Franken gewinnen.

Im Anschluß hieran sei noch die rein theoretische Frage erörtert, zu welchem Währungssystem die luxemburger Rechnungswährung gehört. Zur Silber- oder zur Goldwährung und im letztern Fall zur reinen oder zur hinkenden Goldwährung?[1]

Solange der luxemburger Franken mit dem Taler verbunden war, besaß Luxemburg selbstverständlich die Silberwährung. Die in der deutschen Geldreform vollzogne Evolution Deutschlands von der Silber- zur Goldwährung hat Luxemburg, indem es in der Bewertung des Franken den Taler durch die Reichsmark ersetzte, ebenfalls mitgemacht. Beide Staaten besitzen also die Goldwährung, und da außer den Goldmünzen eine Silbermünze, der Taler, immer noch sowohl in Deutschland als auch in Luxemburg unbeschränkte gesetzliche Zahlungskraft genießt, haben auch beide Länder die sogenannte hinkende Goldwährung.

2. B. Das Verkehrsgeld: Kurant-, Scheidemünzen und Noten.

Da das Großherzogtum Luxemburg bis zur Gegenwart keine Kurant-, sondern nur Scheidemünzen geprägt hat, so ist es von jeher zur Abwicklung des Zahlungsverkehrs auf die Benutzung ausländischer Münzsorten angewiesen gewesen. Der gegenwärtige Zustand in bezug auf die Zusammensetzung der in Luxemburg umlaufenden Zahlungsmittel ist folgender.

An Kurantmünzen zirkulieren:

1. In der Hauptsache alle **deutschen Gold- und Silbermünzen**, d. h. die Reichsgoldmünzen und die Taler. Diese Kurantmünzen gelten auch in Luxemburg als gesetzliche Zahlungsmittel mit unbeschränkter Zahlungskraft. Nach den luxemburger Münzbeschlüssen von 1842, 1843, 1844 und 1876 besteht diese unbeschränkte gesetzliche Zahlungskraft eigentlich nur den Staatskassen gegenüber; Verkehrssitte und Rechtsprechung haben aber diese Einschränkung längst aufgehoben, so daß diese Münzen jetzt im gesamten Zahlungsverkehr Luxemburgs die gleiche Eigenschaft eines gesetzlichen Zahlungsmittels besitzen wie in Deutschland.

Die Zahlungen werden fast ausnahmslos in Franken vereinbart,

---

[1] China, welches ebenfalls eine Rechnungswährung besitzt, wird bekanntlich zu den Staaten der Silberwährung gerechnet.

worunter mangels einer nähern Bezeichung, wie z. B. „Effektiv", keine französischen, sondern luxemburger Franken zu verstehn sind, die alsdann nach dem gesetzlichen Umrechnungssatz (1 Mark = 1,25 Fr. bezw. 1 Fr. = 0,80 Mark) in Mark und Pfennig umgerechnet und geleistet werden[1].

2. Die Münzen der Frankenwährung laufen in Luxemburg nur in geringen Mengen um. In Franken lautende Zahlungen sind nur dann in Münzen der lateinischen Münzunion zu leisten, wenn die Vereinbarung die Klausel „Effektiv" oder eine gleichbedeutende Formel enthält. Die Münzen der Frankenwährung erzielen den deutschen Münzen gegenüber in Luxemburg ein Agio (Aufgeld), welches nicht unbedeutenden Schwankungen unterworfen ist, aber um die Differenz zwischen der luxemburger Gesetzes- und der Münzparität zwischen Franken und Mark pendelt.

100 luxemburger Franken = 80 Mark
100 französische   =   = 81 „

das Agio beträgt also normaler Weise   1 Mark
oder 1,23 Fr. für 100 Franken, d. h.   1,23 %.

Andre als die Kurantmünzen Deutschlands und der lateinischen Münzunion, insbesondre holländische Gulden, kommen in Luxemburg nicht vor.

Die in Luxemburg umlaufenden **Scheidemünzen** sind:

1. Die in Gemäßheit des luxemburger Scheidemünzgesetzes vom 29. Dezember 1900 geprägten 10 und 5 Centimes Landesnickelscheidemünzen und die aus den frühern Prägungen von Kupferscheidemünzen erhaltenen 2½ Centimesstücke.

Die Centimes, auf welche die luxemburger Scheidemünzen lauten, sind keine Centimes der französischen Frankenwährung, sondern Hundertstel des luxemburger Franken[2]. Zwischen den nationalen

---

[1] Genauer in Mark und „Sous" statt in Mark und Pfennig, wobei 1 Sou mit 5 Centimes oder 4 Pfennig bewertet wird; 20 Sous = 1 luxemburger Franken = 80 Pfennig.

Der Sprachgebrauch hat die französische Bezeichnung sou beibehalten. Kleine Geldbeträge bis zu ca. 4 Franken werden meistens in „Sous" ausgedrückt, statt in Franken und Centimes oder Mark und Pfennig. Eine Ware, die 25 Sous kostet, wird also mit 1¼ luxemburger Franken (0,05 × 25 = 1,25), d. h. mit 1 Mark bezahlt.

[2] Anders war es in der Zeit von 1852—1896, als Luxemburg Kupfermünzen prägte, die den französischen Kupfermünzen ähnlich waren, und deren Umlauf in Frankreich und Belgien toleriert wurde. Vgl. die früheren Ausführungen S. 52 ff.

und den in Luxemburg ebenfalls umlaufenden deutschen Scheide=
münzen bestehn folgende, aus der gesetzlichen Wertrelation 1 Mark
= 1,25 Fr. abgeleiteten Wertbeziehungen:

10 Centimes = 8 Pfennig
5 " = 4 "
2½ " = 2 "

Das Gesetz vom 30. November 1852 hat die gesetzliche Zahlungs=
fähigkeit der luxemburger Scheidemünzen auf 5 (luxemburger) Franken
beschränkt.

2. **Deutsche Scheidemünzen** kommen in Luxemburg in
großen Mengen vor. Doch ist in bezug auf ihre Zahlungskraft
wohl zwischen den deutschen Scheidemünzen aus Silber und denen
aus Nickel und Kupfer zu unterscheiden.

a) Die deutschen Silberscheidemünzen, auch Reichssilbermünzen
genannt, d. h. die 5, 2, 1 und ½ Mark=Stücke, werden, dem luxem=
burger Münzbeschluß von 1876 zufolge, in Luxemburg gleich be=
handelt wie in Deutschland: sie sind gesetzliche Zahlungsmittel bis
zum Höchstbetrag von 25 Franken resp. 20 Mark.

b) Die deutschen Nickel= und Kupferscheidemünzen, d. h. die
10, 5, 2 und 1 Pfennig=Stücke, dagegen sind in Luxemburg kein
gesetzliches Zahlungsmittel, doch werden sie im Zahlungsverkehr
anstandslos gegeben und angenommen.

3. Auch **französische und belgische Scheidemünzen**,
besonders 10 und 5 Centimes=Stücke kommen in Luxemburg ziemlich
häufig vor. Sie werden den gleichnamigen luxemburger Scheide=
münzen gegenüber als gleichwertig erachtet; ein französisches oder
belgisches 10 und 5 Centimes=Stück wird also mit 8 resp. 4 Pfennig
bewertet, ohne daß das Agio, welches diese Münzen eigentlich erzielen
sollten, im Verkehr beachtet wird. Nur in den Grenzbezirken werden
die französischen und die belgischen Scheidemünzen mit der Absicht
gesammelt, zu kleinern Zahlungen nach Frankreich und Belgien ver=
wendet zu werden, für die dann das Agio, welches dem französischen
und belgischen Franken dem luxemburger Franken gegenüber zu=
kommt, erspart wird.

Der **Notenumlauf** Luxemburgs setzt sich aus eignen und fremden
Noten zusammen; letztre haben im Zahlungsverkehr dieselbe Geltung
wie die fremden Kurantmünzen, auf welche sie lauten.

1. Die **luxemburger Noten** sind Noten einer vom Staat
privilegierten Aktienbank, der „**Internationalen Bank in**

Luxemburg." Für ihre Geschäftsgebarung und ihre Notenemission gelten die von der Regierung genehmigten Statuten vom 8. März 1856 nebst den durch großherzogliche Beschlüsse ebenfalls genehmigten spätern Änderungen. Die Landesregierung besitzt außerdem weitgehende Aufsichtsrechte, welche durch einen Regierungskommissar ausgeübt werden.

Die Höhe der Notenausgabe wird durch zwei Bestimmungen indirekt kontingentiert.

a) Der Betrag der ausgegebnen Noten darf nicht höher sein als die Summe des Kassa- und des Wechselbestandes.

b) Das Maximum der Notenemission wird durch die Höhe des Aktienkapitals begrenzt und zwar darf, solange letztres 40 Millionen Franken nicht übersteigt, der Betrag der ausgegebnen Noten nicht höher sein, als das Doppelte des jeweiligen Aktienkapitals. Da sich das Aktienkapital zur Zeit auf 25 Millionen beläuft, beträgt das Maximum der Notenemission 50 Millionen. Die Notenemission ist aber tatsächlich nicht so bedeutend, sie beträgt durchschnittlich ca. 2 Millionen.

Für die Notendeckung besteht wie in Deutschland das Gebot der Drittelbedeckung in bar. Der Rest wird durch den Wechselbestand gedeckt. Die tatsächliche Bardeckung beträgt meistens über 70 %.

Die Noten der Internationalen Bank in Luxemburg lauteten früher auf Franken, d. h. luxemburger Franken. Neuerdings wurden diese Noten von der Bank eingezogen und durch solche in Markwährung ersetzt. Gegenwärtig zirkulieren Abschnitte von 20 und 50 Mark.

2. An fremden Noten zirkulieren in Luxemburg hauptsächlich deutsche Noten, französische und belgische hingegen nur in geringen Mengen.

Für die Noten der Deutschen Reichsbank und für die Reichskassenscheine fehlt zwar in Luxemburg jede positive Gesetzbestimmung, die sie zum Zahlungsverkehr zuläßt; diese Noten haben aber durch die Verkehrssitte dieselbe Zahlungskraft erhalten, welche den deutschen Kurantmünzen zukommt, und die Rechtsprechung hat dieses ausdrücklich anerkannt[1].

---

[1] Ein Gläubiger hatte sich geweigert, eine von seinem Schuldner in deutschen Noten angebotne Zahlung anzunehmen, und verklagte ihn auf Zahlung in Metallgeld. Das Gericht wies die Klage ab, in der Erwägung,

1. daß kein luxemburger Gesetz die Erfüllung von Zahlungsverpflichtungen in Metallgeld vorschreibt;

Die auf Franken lautenden französischen und belgischen Noten erzielen in Luxemburg das gleiche Agio wie die entsprechenden Kurantmünzen.

Wenn wir das über das Rechnungs= und das Verkehrsgeld Luxemburgs soeben Gesagte zusammenfassen und das Geldsystem Luxemburgs mit der deutschen Währung vergleichen, so können wir folgende Charakteristik geben:

1. **Die Währung Luxemburgs ist die deutsche Währung mit dem Unterschiede, daß die Geldeinheit im Wert von $^8/_{10}$ Mark Franken heißt, und daß sie keine geprägte Münze, sondern ein Rechnungsgeld ist.**

2. **Die Zahlungsmittel Luxemburgs sind außer den Landeskupfer= und Nickelmünzen diejenigen Deutschlands.**

3. Die Abwicklung des Zahlungsverkehrs im Inland.

Die Frage, deren Beantwortung die letzten Abschnitte gewidmet sein sollen, lautet: Welche Konsequenzen ergeben sich aus der gegenwärtigen Gestaltung des luxemburger Geldwesens, insbesondre aus dem Dualismus zwischen Rechnungs= und Verkehrsgeld, für die Abwicklung des Zahlungsverkehrs; mit andern Worten, in welcher Weise werden die Zahlungen sowohl in Luxemburg, als auch im Verkehr Luxemburgs zum Ausland vollzogen?

Wir müssen in der Beantwortung dieser Frage den inländischen Zahlungsverkehr vom Zahlungsverkehr zwischen Luxemburg und den Nachbarstaaten unterscheiden und besprechen in diesem Abschnitt zunächst den inländischen Zahlungsverkehr.

Die Art und Weise, in welcher die Zahlungen in Luxemburg selbst ausgeführt werden, ist verschieden je nach der Währung, in welcher die Zahlungsverpflichtung eingegangen wurde.

Wir unterscheiden daher 2 Fälle:

1. Der gewöhnliche Fall: Die Zahlung lautet auf Franken schlechthin, d. h. luxemburger Franken. Dann gilt der Grundsatz:

---

2. daß eine Zahlung in Luxemburg in allen Geldsorten erfolgen kann, die von den Staatskassen angenommen werden, und deren wirklicher Wert dem Nominalwert entspricht;

3. daß die deutschen Noten diesen Bedingungen entsprechen.

(Pasicrisie luxembourgeoise, Tome 3, S. 73.)

Die in der gesetzlichen Rechnungseinheit, d. h. in luxemburger Franken, vereinbarten Zahlungen sind in deutschen Kurant- und Scheidemünzen und in luxemburger Scheidemünzen zu leisten, nachdem der Geldbetrag in luxemburger Franken nach der gesetzlichen Parität

1 luxemburger Franken = $^8/_{10}$ Reichsmark oder 80 Pf.

in einen Markbetrag umgerechnet worden ist.

Für diese Umrechnungen, die unzählige Male im täglichen Leben vorkommen, bedient sich weder die Bevölkerung noch die öffentlichen Kassen besondrer Umrechnungstabellen, sondern die Frankenbeträge werden durch eine Kopfrechnung in Markbeträge oder umgekehrt umgerechnet, und zwar in der Weise, daß zunächst die ganzen Franken in Mark mit Hülfe folgender einfachen Gleichungen verwandelt werden:

$$1 \text{ Mk.} = 1^{1}/_{4} \text{ Fr.}$$
$$2 \ \ = 2^{1}/_{2} \ \ $$
$$4 \ \ = 5 \ \ $$
$$8 \ \ = 10 \ \ $$
usw.

Sodann folgt die Umrechnung der Centimes in Pfennige, die fast immer nötig ist, es sei denn, daß die Centimes ausschließlich mit luxemburger, belgischen oder französischen Scheidemünzen und nicht mit deutschen Scheidemünzen bezahlt werden. Die Umrechnung geschieht so, daß die Centimes zunächst in Sous[1] verwandelt werden (1 Sou = 5 Centimes); erst dann erfolgt die Zahlung des Sousbetrags mit deutschen, luxemburgischen, belgischen oder französischen Scheidemünzen unter Zugrundelegung der Sätze:

$$1 \text{ Sou} = \begin{cases} 5 \text{ Centimes oder} \\ 4 \text{ Pfennig}, \end{cases}$$

d. h. 10 Pfennig = $2^{1}/_{2}$ Sous,
  50 " = $12^{1}/_{2}$ "

Wer z. B. in Luxemburg eine Eisenbahnfahrkarte von 17,85 Fr. löst, rechnet bei der Bezahlung folgendermaßen (Kopfrechnung):

$$15,00 \text{ Fr.} = 12 \text{ Mk.}$$
$$\underline{\ \ 2,50 \ \ = \ \ 2 \ \ }$$
$$17,50 \text{ Fr.} = 14 \text{ Mk.}$$

Er zahlt daher zunächst 14 Mk. in deutschem Gelde und schuldet noch 35 Centimes, d. h. 7 Sous. Diese kann er beispielsweise bezahlen durch die Hingabe

---

[1] Vgl. S. 59, Anm. 1.

eines luxemburger 10 Centimesstückes = 2 Sous
= französischen 5 = = 1 Sou
= belgischen 5 = = 1 =
= deutschen 10 Pfennigstückes = 2½ Sous
= luxemburger 2½ Centimesstückes
  oder
= deutschen 2 Pfennigstückes = ½ Sou
zusammen 7 Sous.

Die Leistung einer in luxemburger Franken festgesetzten Zahlung in Effektivfranken kann nicht gefordert werden. Desgleichen nicht die Leistung in deutschem Gelde, nachdem die Umrechnung der Franken in Mark zu einem höhern Kurse als 80 stattgefunden hat, d. h. zu einem Umrechnungskurse von ± 81, dem jeweiligen Geldkurs zwischen Deutschland und Frankreich.

Zahlungen in der zuletzt angegebnen Weise können nur auf Grund ausdrücklicher Abmachungen gefordert werden. Ein inländischer, in deutscher oder französischer Sprache abgefaßter Wechsel im Nominalbetrag von 500 Fr. wird mit 400 Mark eingelöst; lautet der Wechsel hingegen auf 500 Fr. eff., so darf der Präsentant entweder diese Summe in Münzen der lateinischen Münzunion fordern, oder den Betrag in Mark umrechnen unter Zugrundelegung eines Kurses von ± 81, der dem Tageskurs auf Paris entspricht.

2. Die Zahlung lautet nicht in der gesetzlichen Rechnungseinheit, d. h. in luxemburger Franken, sondern in einer andern Währung, z. B. in Mark oder Effektivfranken.

Hier gilt das Prinzip: die Zahlung hat so zu erfolgen, wie sie vereinbart wurde.

Wurden „Mark" vereinbart, so sind deutsche Münzen zu leisten. Waren es Effektivfranken, so kann der Schuldner entweder den gleichen Betrag in Münzen der lateinischen Münzunion oder aber in deutschen Münzen zahlen, nachdem der Betrag in Effektivfranken zum Tageskurs in Mark umgerechnet worden ist. Da dieser Tageskurs für Effektivfranken um 81 pendelt und also stets höher ist als der feste gesetzliche Kurs für luxemburger Franken von 80, so wird in der Praxis nicht der Tageskurs für französisches Geld, sondern die Differenz zwischen den beiden Kursen festgestellt. Diese Differenz heißt Agio; es ist ein Aufgeld, welches derjenige zu tragen hat, der, statt in Effektivfranken zu zahlen, in luxemburger Franken, d. h. in deutschen Münzen zahlt.

65

Statt nun den Effektivfranken-Betrag direkt zum Tageskurs in Mark umzurechnen, wird er zunächst zum festen Kurs von 80 umgerechnet, und dann wird das Agio hinzugezählt.

Beispiel. — Es wird einem Kaufmann in Luxemburg ein Wechsel von 1750 Fr. eff. zur Zahlung präsentiert. Da der Bezogne nicht über diesen Betrag in Münzen der lateinischen Münzunion verfügt, ist die präsentierende Bank mit der Zahlung in deutschen Münzen, zuzüglich eines Agio von 1 1/2 %, einverstanden. Die Umrechnung gestaltet sich wie folgt:

$$\begin{array}{rr} & 1750 \text{ Fr. eff.} \\ \text{à } 80 & 1400 \text{ M.} \\ + 1 1/2 \% & 21 \text{ „} \\ \hline & 1421 \text{ M.} \end{array}$$

Hätte der Wechsel auf 1750 Fr. gelautet, so hätte der Präsentat ihn mit 1400 M. eingelöst, da er aber in Fr. eff. ausgestellt war, so mußte er 1421 M. zahlen. Die Berechnung eines Agio von 21 Mk. entsprach der Umrechnung des Effektivfranken-Betrags in Mark zum Kurse von 81,20 [1], und im Agio von 1 1/2 % kam die Differenz zwischen dem Tageskurs für Effektivfranken

100 Fr. eff. = 81,20 Mark

und dem festen Kurs für luxemburger Franken

100 luxemburger Fr. = 80 Mark

zum Ausdruck [2].

4. Die Abwicklung des Zahlungsverkehrs zwischen Luxemburg und dem Auslande: Deutschland und den Staaten der lateinischen Münzunion.

I. Der Zahlungsverkehr zwischen Luxemburg und Deutschland.

Zahlungen zwischen Luxemburg und Deutschland können kaum zu Schwierigkeiten Anlaß geben, weil der Unterschied zwischen der deutschen und der luxemburgischen Währung ein rein formaler ist, der bloß in der Verschiedenheit der Rechnungseinheit besteht. Die Regel für die Abwicklung des deutsch-luxemburgischen Zahlungsverkehrs

---

[1] 1750 × 81,20 = 1421 Mk.
[2] 1,20 Mk. = 1,50 Fr., d. h. 1 1/2 %.

Calmes.

lautet daher: **Jede zwischen Deutschland und Luxemburg vereinbarte Zahlung hat in deutschen Münzen stattzufinden.**

Zahlungen zwischen Deutschland und Luxemburg werden in der Praxis nur auf zwei Arten vereinbart, nämlich:

a) Entweder, was meistens der Fall ist, in Mark und Pfennig. Dann ist die Anwendung des eben aufgestellten Prinzips selbstverständlich.

b) Zuweilen werden sie aber auch in Franken, d. h. in luxemburger Franken festgesetzt. Dann hat die Zahlung mit deutschen Münzen zu erfolgen, nachdem die luxemburger Franken zum unabänderlichen, gesetzlichen Kurs von 80 in Mark umgerechnet worden sind.

Der deutsche Kaufmann darf sich im Verkehr mit Luxemburg durch die Bezeichnung Franken nicht irreführen lassen; er kann seine Ware für 300 M. oder 375 Fr. nach Luxemburg offerieren, da er in beiden Fällen 300 M. in Zahlung empfangen wird. Anders wäre es natürlich, wenn er die Ware zu 375 Fr. eff. verkaufen würde, da er dann mehr als 300 Mk. zu erhalten hätte. Der deutsche Kaufmann braucht also im Verkehr mit Luxemburg die Klausel „zahlbar in deutscher Reichswährung" nicht besonders zu vereinbaren, da die Zahlung nicht anders stattfinden kann.

Wer Waren von Luxemburg nach Deutschland bezieht und eine in Franken ausgestellte Rechnung erhält, hat keine Effektiv-, sondern luxemburger Franken zu zahlen, m. a. W. die Umrechnung des Frankenbetrags in Mark und Pfennig hat zum Kurse von 80 und nicht zum Tageskurs für französisches Geld (± 81) zu erfolgen.

Wer umgekehrt Waren aus Deutschland nach Luxemburg für einen Betrag in Franken verkauft, ist ebenfalls nicht berechtigt, diesen Betrag zu einem höhern Kurs als 80 in Mark umzurechnen. Eine deutsche Firma hatte chemischen Dünger nach Luxemburg verkauft und die Rechnung folgendermaßen aufgestellt:

$$\begin{aligned}100 \text{ Tonnen à } 6 \text{ Fr.} &\ldots\ldots 600 \text{ Fr.} \\ \text{à } 81 &= \ldots\ldots 486 \text{ M.}\end{aligned}$$

Diese Rechnung war nicht richtig, da der Käufer nur 480 M. (zum Kurse von 80) zu zahlen hatte; sie wäre nur dann richtig gewesen, wenn die Zahlung in Effektivfranken vereinbart worden wäre.

II. Der Zahlungsverkehr zwischen Luxemburg und den Staaten der lateinischen Münzunion, speziell Frankreich und Belgien.

Wird die Zahlung im Verkehr zwischen Luxemburg und diesen Staaten in Effektivfranken oder in Markwährung vereinbart, so hat sie dementsprechend zu erfolgen, und eine Meinungsverschiedenheit ist kaum denkbar.

Schwierigkeiten entstehen erst dann, wenn die Zahlung auf Franken schlechthin — ohne den Zusatz „Effektiv" — lautet, weil dann die manchmal nicht leicht zu entscheidende Frage auftaucht, ob luxemburger Franken oder Franken der lateinischen Münzunion gemeint sind, m. a. W. die Umrechnung des Frankenbetrags zum festen Satz von 80 oder zum schwankenden Tageskurs von ± 81 erfolgen soll.

Die Lösung dieser Frage, die z. T. in das Gebiet des internationalen Privatrechts hinüberspielt, hat schon oft Meinungsverschiedenheiten und gerichtliche Entscheidungen hervorgerufen. Hier gilt kein allgemeines Prinzip. Maßgebend ist vor allem die Absicht der Parteien. Erst wenn das vorliegende Material — Korrespondenz, Rechnungen, Usance — in dieser Hinsicht keine Klarheit zu schaffen vermag, gilt im allgemeinen die Regel, daß Zahlungen nach der Usance des Wohnortes des Schuldners — des Käufers — zu leisten sind. Doch läßt dieser Satz auch Ausnahmen zu, so wenn der Vertrag, aus welchem die in Luxemburg zu leistende Zahlung hervorging, im Auslande, z. B. in Frankreich oder in Belgien abgeschlossen wurde. In solchen Fällen haben die Gerichte entschieden, die Zahlung habe in der Währung des Ortes zu geschehn, wo der Vertrag abgeschlossen wurde, also hier in Münzen der lateinischen Münzunion.

Der französische und der belgische Kaufmann werden daher im Verkehr mit Luxemburg darauf zu achten haben, daß, um allen spätern Schwierigkeiten vorzubeugen, alle Preise in Effektivfranken und nicht in Franken schlechthin stipuliert werden, da selbst die aus einem Staat der lateinischen Münzunion auf Luxemburg gezognen und bloß in Franken ausgestellten Wechsel zum festen Kurse von 80 und nicht zum Tageskurse von ± 81 umgerechnet und mit deutschen Münzen bezahlt werden.

———

5*

Quellen.

1. Pasinomie luxemburgeoise: Recueil des lois, décrets, arrêtés, règlements généraux et spéciaux, etc. qui peuvent être invoqués dans le G.-D. de Luxembourg; Luxembourg.
2. Pasinomie belge: Collection complète des lois, décrets, arrêtés et règlements généraux qui peuvent être invoqués en Belgique; Bruxelles.
3. Pasicrisie luxembourgeoise: Recueil de la jurisprudence luxembourgeoise en matière civile, commerciale, criminelle, de droit public, fiscal, administratif et notarial; Luxembourg.
4. Journal officiel du Département des Forêts, 1814—1815.
5. -   -   - G.-D. de Luxembourg, 1815.
6. Mémorial administratif du G.-D. de Luxembourg, 1816—1831.
7. Mémorial législatif et administratif du G.-D. de Luxembourg, 1832—1854.
8. Mémorial du G.-D. de Luxembourg, 1854 bis zur Gegenwart.

Literatur.

Eyschen, Das Staatsrecht des Großherzogtums Luxemburg (aus Marquardiens Handbuch des öffentlichen Rechts), Freiburg 1890.

G. Wampach, Le Luxembourg neutre, Paris 1900.

Ph. Kalkmann, Hollands Geldwesen im 19. Jahrhundert (Schmollers Jahrbuch XXV).

Ruppert, Code du commerce, de l'industrie et du travail en vigueur dans le G.-D. de Luxembourg.

F. Berger, La question monétaire dans le G.-D. de Luxembourg (anonym erschienen), Luxembourg 1870.

Printed by Libri Plureos GmbH
in Hamburg, Germany